JN111605

情熱の学級経営術

学級崩壊から学んだこと

改《かい》発《はつ》大《ひろ》記《き》

文芸社

はじめに

学級崩壊。学級が学級として機能しなくなる状態。私の教師としての原点は、学級崩壊です。今でも、当時の光景がフラッシュバックする時があります。それほど、強烈かつ鮮烈な記憶として、私の脳裏には刻まれています。「こんなはずではなかった」理想と現実があまりにも離れすぎて、何度もそう思いました。

今から十年前。私は、長年の夢であった小学校の教師という職業に就きました。教師という仕事は、私の両親が中学校の教師だったため、幼い時から常に身近な存在でした。毎日忙しそうではありましたが「学校の先生は、大変やけどええ仕事やで」と聞かされて育った私は、自然と教師という仕事に魅力を感じていました。事実、大学生になりアルバイトやボランティア活動で子どもと接している時間は、純粋に楽しかったです。私も、両親のように教師という仕事で人生を謳歌したいと思うようになりました。いろいろな経験を積んでから教師になりたかったので、大学在学中には休学してニュージーランドに一年間語学留学をしたり、オーストラリアとの交換留学生として現地の大学に通ったりもしました。大学卒業後には、アフリカのルワンダに二年間、ＪＩＣＡの青年海外協力隊として青少年活動に携わりました。帰国後、これらの経験を糧にして教員採用試験に臨み、晴れて小学校の教師となりました。

その未来は、希望にあふれていました。子どもたちにとって憧れの教師になって、たくさんの笑顔に囲まれて毎日を過ごすはずでした。

初めてのクラスに初めての子どもたち。

「絶対に、いいクラスにしてやる！」

なぜか、根拠のない自信だけがそこにはありました。教師に至るまでの経験が、そうさせていたのかもしれません。

一学期、子どもたちはみんな素直でした。私の言うことをよく聞いてくれました。よく手も挙げて発表をしてくれました。

しかし、二学期になりそれが一変しました。想像もできなかった出来事が次から次へと起こりました。当時の私には、手の施しようがありませんでした。彼らの貴重な一年を棒に振ってしまった責任は、今でも感じています。「本当に申し訳なかった」の言葉だけでは、決して許されることのない日々の連続でした。

子どもたちは、素直で純粋です。素直で純粋だからこそ、自分の心の中で思っていることが口に出ます。態度に出ます。行動に出ます。子どもたちを天使にするのも悪魔にするのも、担任次第です。全ての原因は、彼らにではなく、担任である私にありました。子どもたちに罪はありません。

学級崩壊は、まさしく地獄の日々でした。ですが、その地獄を作ったのもまた紛れもなく私自身だったのです。もう二度とそのような不幸なクラスを作ってはいけない。私はそう心に誓いました。

本書は、教育の第一線として、日々学校現場で奮闘していらっしゃる先生方向けに書きました。私の実体験から学んだことを学級経営に生かし、二度と学級崩壊に陥らないために実践し続けていることを紹介しています。自らの失敗から学んだことが少しでもみなさんのお役に立てるならば、これ以上嬉しいことはありません。

幾多もある教育書の中から、この一冊を手に取って読んでいただいていることに心より感謝し、今後の読者の皆様の教員生活がより豊かに充実されますことを願っています。

目次

情熱の学級経営術その1　～約束編～

情熱の学級経営術その2　～外遊び編～

子どもとの外遊びを楽しみ、最速最短で絆を深める

情熱の学級経営術その3　～授業編～

誰もが夢中になる授業を目指し、子どもと共に成長し続ける

情熱の学級経営術その4　～ほめる編～

情熱の学級経営術その5　～学級通信編～

情熱の学級経営術その6　～生徒指導編～

情熱の学級経営術その7　〜学級活動編〜

学級活動を最大限に活用し、クラスの絆を深める機会を作る

学級崩壊は、ある日いきなり起こるものではありません。そこに至るまでには、必ず前兆があります。

ここでは、私の実体験を基に「学級崩壊へのカウントダウン」を作成しました。

誰もが学級崩壊など、起こしたくはありません。ただ、そこに至るまでのプロセスを学ぶことで、常に危機感を持ち学級経営を行うことができます。立て直すことができない深刻な状況に陥るまでに食い止めることができます。学級崩壊の前兆に気付くことが、自らの学級経営を見直すきっかけになればと思います。

学級崩壊までのカウントダウン

10

あらゆるところに私物や子どもの作品が置かれる

無駄なものがない整然とした教室が、学びへの姿勢につながる第一歩です。乱雑な教室では、あらゆるところに気が散ってしまい、落ち着いて学習することはできません。

まず教師自身が整理整頓を心がけ、常に美しい教室を目指していきます。環境の美しさは、そのクラス、その子どもの心の状態に比例すると言っても過言ではありません。

▼実際のエピソード

教師になって、初めて担当したクラスは四年生。一学期は、何事もなく順調に終わった夏休み明け。少しクラスの雰囲気が変わります。常に弛緩したような空気が流れ、得意のほめ言葉があまり通用しません。ほめ言葉を言っても上滑りするだけでした。自分でも何が原因なのかよくわからず、かといって叱るような場面も見つけることができませんでした。

目に見えて変わってきたのは、机やたなの中の整理整頓ができなくなる子どもが増えてきたことでした。下駄箱のくつのかかとが揃っていなくても気にしません。教室の床に目につく大きなゴミが落ちていても気にしません。学級文庫が乱雑に置かれていても気にしません。至る所に教材や子どもの私物・作品が散見でき、物があふれている状態になりつつありました。さらには、自分が落とした鉛筆や消しゴムなどの文房具に対しても無頓着になっていきました。自分のものも友達のものも大切にしようとする心が感じられなくなりました。

学級崩壊までのカウントダウン

9

常に教室がざわついており、静寂の時間が少ない

教室のざわつきは、学級が荒れる前兆です。ざわつきの原因は、教師の指示が曖昧で授業がわかりにくかったり、まとまりのない話を長々としたり、子ども同士の人間関係に問題があったり、多岐にわたります。ただ一つ言えることは、このざわつきの最大の特徴は「静かにすべき時間に静かにできない」ということです。いち早くその原因を見つけて適切に対処しなければ、ざわついていることが常態化します。

▼実際のエピソード

教師や友達の話を最後まで聞くことをしないで、出し抜けに質問をしたり揚げ足をとったりする場面が多くなってきました。そのような環境のためか、クラスの中で安心して話をすることが難しくなり、授業中に自主的に発表する子どもが少なくなりました。また、図工や書写などで静かに作業をすべき時に、数名が話している状況が常態化していました。

私が注意をすれば、一時的には静かになりましたが、しばらくすれば再び誰かが話しだす。そして、また注意する。この展開が、授業中に何度もありました。次第に、教室が静かになる時間が一日に数えるほどしかなくなり、ざわついている状態が通常となります。その環境に誰もが慣れていってしまいました。

ただ、不思議なことに専科の授業や、出張の時などに担任以外が授業を受け持つと、静かになるという現象が起きていました。今思えば、これは担任と子どもとの信頼関係が崩れかけているということにほかなりませんでした。

学級崩壊までのカウントダウン

8

子どもの言葉遣いが荒くなる

言葉の荒れは心の荒れです。子どものSOSのサインです。

そのサインを見逃さず、その場に応じて間髪をいれずに指導したり、じっくりと話を聞いたりする必要があります。

ひとたびマイナス言葉がクラスに浸透してしまうと、そこは弱肉強食の世界となります。強い者は、暴力的な言葉と威圧的な態度で弱い者を従わせようとします。そうなる前に、普段から子どもが使う言葉には、高いアンテナを張っておくことが重要です。

▼実際のエピソード

徐々に子どもの言葉遣いが荒くなり「アホ」「ボケ」「カス」「ザコ」「きしょい」などマイナス言葉がよく聞こえてくるようになりました。クラス内のグループの対立も出てきて、人間関係のトラブルが目立ってきます。初めの頃は個々に指導できていたものが、いつの間にかモグラ叩きのようになり、指導が入らなくなりました。

次第に注意をする私のほうが疲弊し、荒い言葉を聞き流すようになりました。そうすると、加速度的に状況は日に日に悪くなり、教師がいてもいなくてもお構いなしに、マイナス言葉が行き交うようになりました。冗談で言っているのか、本気で言っているのか、その見極めができませんでした。

今なら、たとえ冗談であっても指導するのですが、当時の私はなぜか子どもに遠慮をしていました。

そのうち私に対しても、敬意を払おうとせず友達のように話しかけてくることが多くなりました。「次の休み時間は、鬼ごっこで鬼やからな」「ここの問題わからへんから、教えて」など、敬語を全く使わなくなりました。それでも「話しかけてくれるだけいいか」という思いになっていました。

学級崩壊までのカウントダウン

7

授業についてこれなくなった子どもが騒ぎだす

勉強がわからないいらだちや人間関係でのストレス、教師に対する不信感など様々な負の感情が積み重なり、授業中に騒ぎだすという行為に至ります。四月には、素直で従順だった子どもが変貌し始めます。放っておけば、徐々にそのような子どもが増えていきます。

チームティーチングなどをして他の教員が授業の補助に入らなければ、かなり厳しい学習環境となります。

▼実際のエピソード

学習に遅れがちだった子どもが「わからん！」「もう無理！」などクラス全員に聞こえるような声で騒ぎだしました。それはまるで、担任に敵意があるかのようです。以前までは、何とかがんばろうと努力をしていた子どもでした。

対応すれば一時的には静かになりますが、すぐにまた騒ぎだします。授業がなかなか前に進まない状況に陥りました。私は、そのふてぶてしい態度に腹立たしさを覚えていました。「この子さえ声を上げなければ、授業がスムーズに進むのに……」そのようなことを思っていました。声に出さずともその気持ちは、知らず知らずのうちに言動として表れます。それを察知した子どもは、さらに担任を困らせるようになります。そして、私はまた嫌悪感を抱きながら対応にあたりました。しばらくの間、この悪循環が続きました。

私が話しかけてもとぼけたり、聞こえていないふりをしたりする時もありました。それでも、私はさらに子どもに嫌われてしまうのが怖くて、真剣に叱れませんでした。気がつけば、いつ私に牙をむいてもおかしくない関係性になっていました。

学級崩壊までのカウントダウン

6

大声を出さないと統率がとれなくなる

行き場のない子どもたちのストレスは日に日に高まり、授業中にそのストレスを発散させようとします。それは、ここまで荒れた学級を作ってしまった教師への反抗の始まりです。

教師が大声を出してクラスを統率しようと必死になればなるほど、事態は悪化の一途を辿ります。子どもとの信頼関係の修復を急ぎたいところですが、ここまでくると担任一人では対応できなくなります。

▼実際のエピソード

ざわざわを通り越して、騒然とした時間が増えてきて大声を出さないとクラスを統率できなくなりました。「静かにしなさい！」と大声で言わなければ、静かになりません。体力と気力をすり減らして静かにさせても、一分も経たないうちに誰かが話し始めます。それは、まるで私が困っている様子を楽しんでいるかのようでした。日に日にその大声を出す回数が増えて、それに比例して子どもたちもうるさくなります。怒ってばかりいるので、子どもの心はますます離れていく一方でした。

このころになると、授業中に関係ない話をしたりふざけたりする子どもがいても、真面目な子どもは萎縮してしまい、誰も注意することができなくなりました。正しいことを行おうとする人間が、いじめのターゲットになりかねないからです。子どもたちは我が身を守るために、本当の自分を押し殺していました。そのような子どもを守ることすらできない状況でした。

学級崩壊までのカウントダウン

5

明らかに教師に反抗する子どもが出てくる

教師から見放された子どもは、そのことを敏感に感じ取ります。大人以上に繊細で感受性豊かな子どもの心を騙すことはできません。その怒りや悲しみを、担任に真正面からぶつけてきます。

「うるさい」「どっか行け」など暴言を吐き捨て、威嚇するようになります。子どもなりの自己防衛です。敵とみなした大人には、容赦しません。教師が心の中で「この子は、何を言ってもダメだ」と諦めた瞬間から、学級崩壊は始まっています。

▼実際のエピソード

いつもの子どもが「この問題、わからへん！」と騒ぎ始めました。私は、いらだちながら「もっと落ち着いてよく考えなさい！」と強い口調で言いました。すると「わからんもんは、わからんのじゃ！」と大声を出して初めて明確に反抗しました。

思わず私は、感情的になってしまい、その子どもの腕をつかんで「こっちこい！」と廊下に連れ出しました。そして「お前、ええかげんにせえよ。最近、うるさいねん！　けじめをつけろ、けじめを！」と厳しく注意しました。その途端、泣きだしました。

私は、その子どもとの勝負に勝ったと思い、今後は素直に指示を聞くだろうと、高を括っていました。しかし、それ以降こちらを見向きもしなくなりました。完全なる無視です。授業に参加しようともしません。「明日には元の状態に戻っているだろう」そう信じて、その日はそのまま帰宅させて、家庭連絡はしませんでした。

翌日以降、態度はさらに悪くなりました。授業に参加しないばかりか、注意をしたら「うっさい！」と暴言を吐き始めたのです。日が経つごとにエスカレートして「じゃま」「消えろ」とまで言うようになりました。ここまでが一週間の出来事。坂道を転がるように、学級は崩壊していきました。

学級崩壊までのカウントダウン

4

徒党を組んで授業妨害をしてくるようになる

暴言を吐く子どもが仲の良い友達に呼びかけて、教師をはやし立て、それに同調する子どもが徐々に増えてきます。毎日を真面目に過ごすことが馬鹿らしくなるのでしょう。本当は、勉強に遊びに学校生活を楽しみたいはずですが、もはやそれができなくなっていきます。それゆえ、その元凶を作った担任を困らせるのです。それが、彼らにとっては、ある種の楽しみになっていきます。

▼実際のエピソード

反抗してくる子どもが四、五人に増えてきます。一学期の頃は、素直で優しかった子どもが、手のひらを返したように反抗してきます。暴言を吐く子どもの真似をしたり、ひたすら私語をしたりして授業妨害をしてきます。苦肉の策として、彼らの席を離してもお構いなしに大声で教室の端から端まで聞こえるように会話をします。

担任に対する怒りや憤りが積もりに積もります。担任が何を言おうと聞く耳を持ちません。授業中にもかかわらず、平気で読書をしたり、紙とハサミを出して図工の真似事をしたりする子どもまで出てきました。一度でも注意をすると、暴言の嵐が待っています。それと戦う気力はなく、放置するほかありませんでした。完全に学級が学級として機能しなくなりました。

私一人ではどうしようもなくなり、ついに同じ学年の先生に今までの経緯と今の状況を打ち明けました。学年主任をはじめ、ほかの同僚からも「なぜもっと早い段階で相談してくれなかったのか」と言われ、とても心配されました。己のプライドが邪魔をして、なかなか相談できなかったのです。クラスの問題を一人で抱え続けた結果、取り返しのつかない状態にまでなってしまいました。

学級崩壊までのカウントダウン

3

いじめや暴力事件が起こる

無法地帯となった学級では、暴言を吐くグループに異を唱える者や担任の味方になろうとする者は、容赦なくいじめのターゲットにされます。ですから、誰も担任の言うことを聞かなくなります。

蓄積された怒りや不満は、担任だけではなく他の子どもにも飛び火します。担任が教室を離れた少しの間に、陰湿ないじめや暴力事件が起こります。その対応に追われる日々の中で、次第に心が病んできます。学校に向かうだけでも精神的にきつくなり、この場から逃げ出したい衝動に襲われるのです。

▼実際のエピソード

同僚がチームティーチングとして教室に入っている時には、何とか授業はできていましたが、私と子どもたちだけの空間になった途端、その抑えられていた反動が一気に押し寄せてきました。わざと騒がしくする男子、それを楽しむように冷笑する女子。机間巡視をすれば、机を動かして避ける時さえありました。完全に学級全体がおかしくなっていました。

ある時は、昼休みに黒板に落書きをしていた男子を注意した女子が殴られました。顔面が腫れ上がって、鼻血も出ました。その女子の両親は憤慨し、警察に被害届を出す事態にまで発展してしまいました。

ある時は、ある子どもの自由ノートに「呪」という字が赤のクレパスで書かれていました。その子どもは、ショックのあまり翌日欠席し、父親が話を聞きに来校しました。

なぜ娘がこんな仕打ちにあわなければならなかったのか、とことん追及されました。状況を必死に説明していると、急に鼻血が出てきました。体が悲鳴を上げていたのでしょうか。その様子を見て、諦めたようにその父親は帰っていきました。情けなくて、でも心の底ではホッとしている自分が嫌で、その場から消え去りたいと思いました。

学級崩壊までのカウントダウン

2

いじめにより
不登校になる子どもが出てくる

日常的に吐かれる暴言、時に暴力は子どもの心をむしばんでいきます。誰かがいじめられていても「私でなくてよかった」と思うようになります。

いじめによりはじき出された子どもは、教室での居場所がなくなり、不登校になることがあります。不登校は、子どもが自分の身を守るための最終手段です。ここまで追いやってしまった担任の責任は、非常に重いです。いじめに加えて学級崩壊が起きていれば、再登校させることは困難を極めます。

▼実際のエピソード

話しかけたのに返事をしなかった、無視されたと一方的に思われた仲良し女子グループの一人がはじき出されました。そして、その子の上靴が片方なくなりました。探し回りましたが、結局見つかりませんでした。次の日から、彼女は学校に来なくなりました。いじめによる不登校です。何度か家庭訪問をして彼女の様子を窺いましたが、母親からは「もう、（先生は来なくても）大丈夫です」の一点張り。完全に信頼関係が崩れていました。

親と子どもは、一心同体。子どもが担任のことを好きならば、間違いなくその親も担任に協力的ですが、嫌いであれば親もまた不信感を抱くものです。小さな変化も見逃さず、普段からこまめに家庭と連絡を取り合っていたならば、事態はまた違う方向に動いていたのかもしれません。何か重大なことが起こった時だけ家庭訪問をして、理解を求めるのは都合が良すぎる話でした。結局、その子どもは二月下旬から不登校になり、二度と四年生の教室に戻ってくることはありませんでした。

学級崩壊までのカウントダウン

1

あらゆる教育活動ができなくなる

担任から完全に心が離れてしまった子どもは、どの学習に対しても無関心になり、担任に牙をむきます。担任の話を聞きたくなければ、顔も見たくないからです。同じ教室にいるだけで、ストレスが溜まるのでしょう。だから、言うことを聞かずに反抗します。

その反抗を一身に受ける担任は、身も心もボロボロになります。教室に入るだけで、気分が悪くなるのです。他の教師に教室に入ってもらい、何とかこの場を凌ぐしか方法はありません。

▼実際のエピソード

担任一人では、あらゆる教育活動ができなくなりました。暴言を吐いて、ほかの子どもたちを煽るグループの数人は、テストを配ればすぐにくしゃくしゃに丸めて床に捨てる、図工の工作セットを配れば好き勝手に制作し始める、体育の時間は自分たちだけで休み時間のように遊び始めます。いかなる指示も通りません。いかなる指導も入りません。周りの子どもたちは、それを冷ややかな目で見ています。

他の教師が応援で来ている時だけはおとなしくしていますが、担任だけの教室になると、授業どころではありません。常に担任以外の誰かが教室を見張っておかないと、他の子どもの安全が確保できないという非常事態でした。

皮肉にも、崩壊したクラスの心が一つになる瞬間があります。それは、元凶である担任を困らせている時です。言うことを聞かないから、私が大声を上げて静止します。応酬する暴言とはやし立てる子ども。周りは、それを冷たく笑う。この一連の流れが、チームプレーのように感じるのです。感情を無にする方法をひたすら考えていました。暴言の嵐に耐えられる気力は、ほとんど残っていませんでした。

学級崩壊までのカウントダウン

0

担任が三月の修了式をカウントダウンするようになる

どれほど素晴らしいクラスでも、逆にどれほどひどいクラスでも、三月には終わります。そして、四月には担任が代わり、クラス替えがあり、リセットされます。これが、多くの学校で行われるサイクルです。どん底に落ちた教師もはい上がれるチャンスがやってきます。その日を心待ちにするようになります。それは、まるで闇の中を照らす一筋の光です。希望といってもいいでしょう。

どれほど辛い日々でも、必ず終わりがやってきます。そして、また一からやり直せます。その修了式の日を指折り数えて、精神安定剤代わりにして生き延びていきます。これが、教師として生き残るための最終手段です。

▼実際のエピソード

三学期が終わる修了式の日を「このクラスが終わるまであと○日」と指折り数えるようになりました。そうしないと、精神のバランスが保てませんでした。一度、落ちるところまで落ちた学級を救う方法はまるでないのです。担任にできることは、ただ一つ。「時を凌ぐ」だけです。時を凌ぎ、修了式を迎え、クラスと決別するほか、解決する方法はありません。

生きた心地がしなかった三学期が終わろうとしていました。一日一日を生き延びるのに必死でした。教室に一歩入れば、そこは戦場。言葉のナイフで心をズダズダに切り裂かれます。それに耐えに耐えました。修了式の日、何とか通知表を子どもたちに手渡して、教室を後にしました。通知表をゴミ箱に捨てなかったのが、唯一の救いでした。

最後に「やっと、この担任から離れられる。やったー!」と嬉しそうに言い放った子どもの後ろ姿が忘れられません。

身も心もボロボロになった一年目。この一年目の経験が、私の教師としての原点となりました。

学級経営を考える上で、必ず覚えておきたいのは「三本の軸」です。「教師と子ども（縦の軸）」「子どもと子ども（横の軸）」「教師と保護者（斜めの軸）」という、この3つの関係性がそれぞれ複雑に交じり合い、その学級の基礎基盤ができあがります。どの軸も決して疎かにはできず、それらをいかに強化していくかが非常に重要です。

ここでは、学級経営術を七章に分けて伝えていきます。それぞれの章で、どの軸に該当するのかを考えながら読んでみてください。そして、クラスや子どもの実態に応じて、自分にできそうなものから日々実践してみてください。きっと、子どもの心をつなぐ役割を果たしてくれることと思います。

情熱の学級経営術その1　～約束編～

一度交わした約束は必ず守って、信頼関係を築き上げる

「約束を守る」というのは、どういうことなのでしょうか。改めて、考えてみましょう。

例えば、校長が「今日の放課後に緊急の職員会議を行います。忘れないでください」と職員朝会で連絡したとします。当然守ります。緊急ということは、相当重要な案件だと推測できます。その一方で、子どもから「先生、休み時間はサッカーしてくれる?」と聞かれたのに対して「いいよ」と返答したとします。こちらの約束も、同じように当然守ります。それが、約束というものです。

つまり一見すると、前者のほうが緊急性、重要性共に高い。それは間違いないでしょう。では、後者は約束としては「軽い」のでしょうか。いや、そんなことはありません。約束に軽いも重いもないのです。約束した相手が、上司だろうと保護者だろうと子どもだろうと関係ありません。それぞれ違う立場ではありますが、全ての約束は、平等に尊重されて守らなければいけないものだと思います。

では、なぜ約束は守らなければならないのでしょうか。それは、約束一つ一つが信頼そのものであり、それを守らなければ必然的に信用されなくなるからです。信用されなくなれば、人はついてきません。強いリーダーシップが求められる教師にとって、それは致命傷になります。

約束

第一条

口約束は立派な約束。軽々しく承諾しない

「先生、今日の昼休みに一緒に遊べる？」「今日やった算数のテストは、明日には返ってくるの？」など、子どもは何気なく教師に約束を取りつけてきます。仮にここで「大丈夫だよ」と承諾したとします。その時点で約束は成立し、必ずその約束を守らなければなりません。これが「ごめん、忘れてた」と言い訳して実行しなかった場合、その教師の信頼は失墜します。

「もう～、楽しみにしてたのに」と残念がることでしょう。失望しているかもしれません。子どもの心が一歩、教師から離れた瞬間です。

決して、約束を甘く見てはいけません。子どもだからといって、軽々しく約束を承諾していると、いずれ約束を果たせなくなります。約束は、約束。相手が子どもでも大人でも関係ありません。子どもにしてみれば、口約束でも立派な約束なのです。

「一度交わした約束は、徹底的に守る。そして、できない約束はしない」これは、教師対子どもの間だけではなく、社会人としても、子を持つ親としても、忘れてはいけないことでしょう。

「人間たる者、自分への約束を破る者が最もくだらぬ」江戸時代の教育者である、吉田松陰の言葉です。肝に銘じておきたいものです。

約　束

第二条

クラスの前で
自分の約束を宣言して、
腹をくくる

「先生の目標は、このクラスを今までで一番思い出に残る、みんな一人ひとりが一番成長できたと思える一年にすることです。そのために、まずは先生から、その目標達成のために三つのことを約束します。一つ目は、休み時間は毎日外遊びをして、みんなが仲良くなるように努力をします。二つ目は、みんなのいいところをたくさん見つけて学級通信でお家の人に伝えます。三つ目は、みんなが授業で全員活躍できるように一日一回は名前を呼んで発表できるようにします」

これは、教員生活七年目の五年生を担当した時に行った所信表明であり、私の行動指針を宣言する約束でもありました。

子どもの前で宣言をした行動指針は、その年度が終わるまで続けてこそ、意味がありま す。「～ができるようにがんばります」というような曖昧な表現を使って、逃げ道は作りません。逃げ道を作れば、できなかった時の言い訳が出ます。自分自身の成長のために、そして何より子どもたちの前で率先垂範できるように、あえてクラスの前で高らかに宣言します。後戻りできない状況を自ら作るのです。

少し背伸びをしないと達成できないような目標を掲げて、腹をくくりましょう。日々の努力の先に、教師として、人としての成長があります。「No pain, no gain.」です。

約束

第三条

約束は平等に、断るときはキッパリと断る

「昼休みに一緒に遊ぶ」という個人的な遊びの約束、「放課後に算数のわからない問題を教える」という勉強に関する約束、「月初めには席替えを行う」という学校生活に関わる約束など、日常会話の中でなされる個々の約束は、実に多種多様です。

注意すべきなのは、約束は誰でも平等に交わすということです。特定の子どもとだけ約束を交わしていると、不公平感につながります。例えば、ある一人の子どもに「勉強でわからないところがあれば、いつでも聞いてね。先生の予定が空いていれば放課後も教えてあげるからね」と言ったならば、それはクラス全員に適用されます。よって、子どもとの約束には細心の注意を払う必要があります。大人なら「社交辞令だろう」と判断する場合も、子どもには通用しません。教師と交わした約束は、いつまでも覚えています。

また、子どもから何かお願いをされた時に「また時間が空いたらね」や「今は忙しいからまた後でね」という返答。これを多用していると、次第に子どもの心は離れていきます。「また後でね」の「また」は大抵の場合やってきません。最低限「それは、明日の○時間目にやるね」などと期限を設けて、具体的な日時を示すべきでしょう。もし約束ができないのならキッパリと断るほうが、それをはぐらかすより、はるかに印象が良いです。

約束

第四条

約束の時間に遅れたら、素直に謝る

誰かと約束を交わす時には、必ず日時と場所が伝えられます。これと同じように、私にとって学校の時間割は、何時何分からどこどこで始まるという暗黙の約束として認識しています。

授業開始時刻に遅れても、何食わぬ顔で授業をしている教師は、たとえ子どもが時間に遅れても叱る資格はないと思います。何事も約束の時間に遅れないようにすることが一番ですが、万が一遅れた場合は、素直に謝る潔さが大切です。気付かないふりをするのはもとより、下手な言い訳をするのは見苦しいです。いずれ子どもが、そっくりそのまま真似をし始めるでしょう。自分に非があれば、素直に謝る。これは、教師でも子どもでも全く同じことです。

私もごく稀に、約束を忘れる時があります。特に、休み明けの朝の約束は抜けやすいです。実際に、月曜日の朝の時間に委員会の仕事があり、午前八時に体育館に集合するようにと週末に伝えていましたが、完全に忘れていたことがありました。一〇〇パーセントの割合で私の過失でした。この時は、子どもに頭を下げて謝りました。たとえ相手が子どもでも、約束を破った場合は、誠心誠意謝れる人でありたいと思います。

約束

第五条

ダブルブッキングをしないように細心の注意を払う

教師の一日は、分刻みで動いています。その中で、子どもや同僚と約束を交わします。朝一番に委員会活動、休み時間に運動場でドッジボール、放課後に職員会議と、それなりに予定が詰まっています。その一日の流れの中で、スケジュール管理が疎かになると、ダブルブッキング（同じ時間帯に二つの約束を入れること）やうっかり忘れてしまうこともあるかもしれません。約束を破ってしまうと、相手からの信頼度はぐっと下がります。それは、どうしても避けたいものです。

それを防ぐためには、約束を交わしたら予定表にすぐ書きこむ習慣をつけることです。私の場合、これに加えて教室に掲示してある子ども向けの予定表ホワイトボードにも小さな字で書きこんでいます。そうすることで、万が一、私が忘れた場合でも子どもが教えてくれます。いわば、保険です。確実に約束を守るためには、これぐらいの慎重さがあってもいいと思います。決して、忙しいことを理由に約束を先延ばしにしたり、ごまかしたりしないように、確実に一つひとつの約束を果たしていきましょう。

約束

第六条

校則も約束の一つと心得る

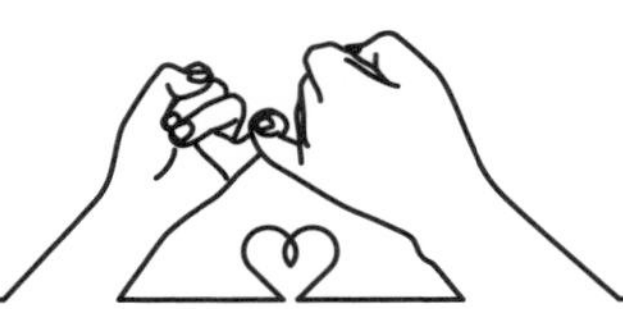

学校には、子どもが安心して安全に生活を送るための様々な校則があります。学校によって多少の違いはあるものの「ろうかは走らない」「給食の配膳時にはマスクをつける」「髪の毛は染めない」などは、共通してあるものではないでしょうか。この中で、子どもは守り、教師は守らなくてもいいものは「髪の毛は染めない」です。常識の範囲内であれば、教師が多少髪を染めても子どもに迷惑をかけることはありません。白髪を染めるためにカラーリングをする方もいます。年齢を重ねれば、仕方のないことです。しかし、子どもの髪の場合は、大人の髪に比べて柔らかく繊細なため、ヘアカラーに用いる薬剤が少なからず髪に悪影響を与えます。元から黒髪なので、根本的に髪を染める必要がありません。よって、染めてはいけないのだと思います。これは、大人と子どもの区別です。

他の二つは、教師も子どもも守らなくてはいけないものです。なぜなら、両者とも守らなければ、子どもの健康や安全が脅かされるからです。

このように、同じ校則でも子どもと同じように守らなくてはいけないもの、守らなくてもいいものがあります。これらは、自ら約束として取りつけてはいないものの、約束の一つとして認識する必要があります。校則も約束の一つと心得て、行動で示すことで、その効力は子どもに対しても発揮されます。

約束

第七条

一つ一つの約束を守り、信頼を積み上げる

信頼できる人の条件を一つだけ挙げるとするなら、どのような約束でも疎かにせず必ず守る人です。なぜなら、約束は自分自身に誠実で、相手のことを大切に思いやる心があるからこそ果たすことのできるものだからです。

信頼も貯金と同じように積み立てることができます。いわゆる「信頼貯金」です。そのお金の役割を果たすのが、一つ一つの約束です。交わした約束を確実に守るたびに、子どもは教師に信頼を寄せてきます。「先生は、みんなのことを大切に思っているんだよ」ということを口先だけではなく行動で示します。このことが、子どもの心をつかむためには極めて重要です。

「クラスは担任の鏡」です。教師が約束を守れば、自然と子どもも教師との約束を守るようになります。そうなれば、当たり前のことが当たり前にできる安定した学級の基礎が築けます。多少の人間関係のトラブルがあっても自分たちで解決しようと努力したり、宿題を忘れても担任に素直に報告して教室で取りかかったりと、よりよい学級にしていこうとする力が働きだします。約束を守ろうとする姿勢を見せ続けることが、子どもの意識と行動を変える最大のきっかけになると、私は確信しています。

約束

第八条

子どもにも、自らの成長のために何らかの目標を作らせる

教師が約束を守り続けることで、必ずその姿勢が子どもにも伝わります。そして、子どもも教師との約束を守ろうと努力するようになります。この段階までいけば、次は子ども自身に何らかの目標を作らせて、それに向かって努力させていく仕組みを作ります。

その足掛かりとして私が実践したのが「成長への道」という名のワークシートです。「日々の努力が自身の成長につながってほしい」との想いで名付けました。このワークシートに、日々継続して取り組めそうなものを目標として書かせます。それが達成できれば、日付の横に〇をつけて記録させます。

「毎日一行日記を書く」「一日一枚算数プリントをする」「学校を休まない」など、毎日継続してできそうなものなら何でもいいのです。初めは、少し頑張れば達成できる目標のほうが取りかかりやすいと思います。ただし「一度決めたことは、毎日継続して行う」これが、絶対条件です。

どのようなことでも、一日も欠かさずに行うとなれば、相当な覚悟と忍耐、それにかける情熱がなければ、難しいものです。しかし、その苦しさを乗り越えてこその成長があります。日々、継続して行うものこそが、その人の真の力となります。このことを実感させるために、教師のみならず、子どもにも挑戦させていきましょう。

約束

第九条

学級通信で、一年間の公約を掲げて覚悟を決める

最も効力の高い約束とは何でしょうか。それは、文字として残す約束です。書面やメールに書きだしてしまえば、それが動かぬ証拠となり、決してごまかすことなどできません。

私は、あえて自分自身の決意がブレないようにするために、四月初めの学級通信でその一年間の公約を掲げています。実際に、学級通信として発信した内容を載せます。

① 日々の授業の中で、全員が活躍できる場面を取り入れて学力向上に努めます。
② 子ども一人ひとりの長所を見つけ、それを認め合えるクラスにします。
③ 学級通信を毎日発行し、子どもの様子や担任の想いをご家庭にお伝えします。
④ 子どもの体力向上のために、外遊びを率先して行います。
⑤ 一年を通して、今までで一番良かったと思える学年になるように全力を尽くします。

年度初めに、学級通信でこのような公約を掲げることは、相当な覚悟がなければできません。この言葉通りに実行しなければ、これらの言葉は嘘になります。「何としてでも、最後までやり遂げる」という強い気持ちを持って、日々こつこつと守り続けました。

意図的に、文字として残す約束を学級通信で掲げて毎年覚悟を決めています。

約束

第十条

「継続は力なり」
約束を守り続けて、
教師としての
自信を高める

自信とは、自分を信じると書きます。では、どうすれば教師としての自分を心から信じることができるのでしょうか。それは、「日々の積み重ね」から生まれてくるものです。自分が描いた夢や目標に向かって日々努力する姿勢こそが、自らを高めてくれます。結果、自信へとつながっていきます。かつての私が持っていた根拠のない自信は、盲目的に自分の能力を過信させただけの大変危険なものでした。

しかし、根拠のある自信は違います。迷うことなく子どもに指導ができます。日々の積み重ねがあるからこそ、言葉にも重みが出てきます。教師が率先して努力している姿を見せることによって、その心意気が子どもたちにも伝わり広がっていきます。

まずは、自分自身の目標を立てましょう。よりよい学級にするために何が必要なのか、そのためにどのような努力をしなければいけないのかを考えます。「一日に一回は全員に声をかけて話す」「一日に一回は全員に発表をさせる」など、自分のできる範囲で継続して行えるものを見つけて確実に実行していきます。その姿勢は、いずれ子どもに伝わり、学級が変わりはじめます。その事実こそが、また教師としての自信を高めてくれるのです。

自分のできることからこつこつと、一歩ずつ着実に前に進む。その積み重ねから、全ては始まります。

情熱の学級経営術その２　～外遊び編～

子どもとの外遊びを楽しみ、最速最短で絆を深める

小学校教師の特権ともいえるのが、童心に帰って子どもたちと思いっきり遊べることです。他の仕事に就いた大人は、大勢の子どもたちと遊べる機会がどれくらいあるでしょうか。

子どもと共に遊ぶことは、強固な信頼関係を築く上で非常に効果的です。

常に子どもたちは「一緒に遊んでくれる先生」を求めています。しかし、大半の教師は、休み時間は教室もしくは職員室にいます。宿題の丸付けをしたり、次の授業の準備をしたりとそれぞれに予定があります。まだ子どもとの外遊びを実践されていない先生は、今後その予定の一つに、週一回からでもいいので「子どもと遊ぶ」を入れてみてはどうですか。

なぜなら、休み時間こそが子どもたちとの絆を最速最短で深めるビッグチャンスだからです。

授業だけでは、心の距離はなかなか縮まりません。お互い心を解き放ちリラックスできる休み時間だからこそ、話せることがあります。子どものように遊ぶことができます。

休み時間には子どもの目線で物事を捉え、共に笑って、共に走り回って、全力で楽しむ教師のほうが人間味があって魅力的ではないでしょうか。

外遊び

第一条

休み時間は、外に飛び出し子どもと共にとことん楽しむ

教師という職業は、他の業種よりもうつ病になる確率が高いと言われています。それは、普段の授業の教材研究や準備をはじめとし、生徒指導、数ある校務分掌、時には保護者対応など、多種多様な業務があるからです。だからこそ、休み時間ぐらいは、少しリラックスしたいと思われることでしょう。「リラックス」もいいですが、どうせなら「リフレッシュ」してみてはどうでしょうか。子どもたちと共に運動場に出て、外の空気を思いっきり吸いこんで、体を動かしてみればわかります。外遊びのメリットが、身にしみてわかります。

子どもとの関係作りだけが目的ではありません。自分自身の健康管理にも大いに役立ちます。定期的な運動により、ストレスを溜め込むことがなくなるからです。多少嫌なことがあっても、腹が立つことがあっても、汗と共に流れます。まさに一石二鳥です。

ある日「外で遊ぶなんて、若いですね～」と、同僚から言われたことがありました。若いから外で遊んでいるわけではありません。外で遊ぶことのメリットを十分すぎるほどわかっているから、日々実践しているのです。年齢は、関係ありません。子どもと体を動かし、とことん楽しめば、次の授業への活力も自然と湧いてくるはずです。健全な精神は、健全な肉体に宿るのです。

外遊び

第二条

体力に自信がなくても、自分のできる範囲で子どもと遊ぶ

年齢を重ねると、体が思うように動かなくなります。若いころのように、子どもと全速力で走れなくなります。いずれ誰にでも起こりうる自然な現象です。ただ、それらを理由に外に行かないのは、少々もったいない気がします。子どもは、担任が若い先生でもベテランの先生でも、外で一緒に遊んでくれる先生がいつだって大好きです。スポーツができるできない、体力があるなしに関係なく、担任の先生が一緒に遊んでくれるだけで格別なもの。それだけで忘れがたい思い出となります。

自分自身に置き換えて、小学生時代のことを思い出してみてください。今でも記憶に残っていることは何でしょうか。授業のことより、友達と遊んだり話したりした休み時間のことのほうが、そのころの良き思い出として覚えていませんか。少なくとも、私の場合はそうです。休み時間に本気で友達とドッジボールをしたことだけは、鮮明に覚えています。それだけ楽しかったのでしょう。

自分のできる範囲で構いません。全力で走れなければ、ジョギング程度でも鬼ごっこはできます。ドッジボールが苦手なら、外野専門でも楽しめます。「先生が、僕たちと遊んでくれている」この事実が、子どもと良好な信頼関係を築くきっかけとなります。初めから「外で遊ばない」と決めるのではなく、無理のない範囲で実践してみてはどうでしょうか。

外遊び

第三条

遊びの中で、子どもの本音をつかみとる

学校生活の中で、授業がオンだとしたら休み時間はオフです。このオフである休み時間こそ、子どもの本音をつかみとるチャンスです。外で遊ぶ前や遊んだ後、教室でのんびり過ごしている時に、さりげなく気になる子どもや普段あまり話していない子どもに狙いを定めて、気軽に声をかけます。何も長時間話しこむ必要はありません。「最近、困っていることない？」「いつも休み時間は誰と過ごしているの？」と聞く程度でいいのです。この一言をかけるだけでも、子どもは「先生が私のことを気にかけてくれた」と安心するものです。体を動かすと自然と心もほぐれるので、子どもの本音が出やすく、外遊びの後は、声かけをする絶好のタイミングです。

遊びの中では、本音をつかめるだけではなく、子ども同士の人間関係も見えてきます。たとえ遊びでも、特定の子どもにきつい口調であたったり、執拗に一人狙いをしたりする場合があります。これが頻繁に続くようだと、いじめの前兆です。即指導しましょう。早め早めの指導で、事が大きくなる前に解決できます。教師が遊びの中に入っていることで、いじめの抑止力にも役立つことでしょう。

外遊び

第四条

遊びといっても、度が過ぎる言動には注意する

休み時間は、教師も子どもも心のスイッチをオフモードに切り替えて、童心に帰って遊ぶことができます。教師だからといって、いつの時も毅然とした態度で構える必要はありません。時には、友達のように笑い、はしゃぎ、汗をかきましょう。むしろそのほうが、人間味にあふれ、子どもとの距離がぐっと近づくように思います。

ただし、本当に友達のように扱われてはいけません。遊んでいる最中に教師に向かって「足遅いな～。ノロマや！」「キャ～、変態来んといて！」など、たとえ冗談でも許されない言葉を投げかけてくる子どもがいるかもしれません。そういう子どもの言葉に対しては、途中で遊びを中止してでも教師の顔へと戻り、即指導します。「それは、先生に向かって使う言葉ですか。どういうつもりで言ったのですか」くらい言ってもいいと思います。一度、そのような言葉を許してしまうと、教師の権威は坂道を転がるように落ち始めます。よかれと思って遊んでいるのに、その努力が逆効果だと元も子もありません。

「親しき中にも礼儀あり」遊びの範疇を超えた言動をとり、友達を傷つけたり教師を試そうとしたりする子どもには、たとえそれが休み時間であろうとも見逃してはいけません。それらを軽く受け流してしまうと、徐々に学級がほころび始めます。

外遊び

第五条

「安全第一」
子どもに
怪我をさせない
ように遊ぶ

当然のことですが、子どもと遊ぶ際には、教師が子どもに怪我をさせることのないように注意を払う必要があります。特に、ドッジボールやサッカー、バスケットボールなどの球技は、単に駆け回る遊びと比べて怪我をするリスクが高まります。

以前、子どもとサッカー対決をしていた時の話です。ゴール前で私がシュートを打ちました。キーパーの子どもは、反射的にそのボールをひざで跳ね返したのですが、そのボールが私の右目に直撃。至近距離だったため、避けきれませんでした。痛いどころではありません。地面に這いつくばり、しばらく動くことができませんでした。何とかその右目を開けると、目の前は真っ白。一時的に、視力を完全に失ったのです。

すぐさま眼科に行き、診断の結果は、右目の前房出血。完治するまで二週間かかりました。医者からは「後遺症もなく、完治したのは運が良かったですね」と言われました。その時、もし私の蹴ったボールがキーパーの子どもの目に同じように当たっていたら……と想像するとゾッとしました。

「安全第一」授業と同じように休み時間においても、子どもの安全を最優先して楽しむようにしたいです。プレーに熱くなりすぎた時は、要注意です。

スポーツに怪我はつきものとはいえ、教師が加害者になることだけは避けたいものです。

外遊び

第六条

外遊びは大切だが、決してクラス全員には強制しない

教師が外遊びを率先して行うようになると、今まで教室で過ごしていた子どもまで外に出て遊ぶようになります。担任の行動が、子どもには大きな影響を与えるからです。しかし、決して外遊びをクラス全員に強制してはいけません。外遊びを強制してしまうと「外遊びをしていない＝悪」とみなされて、教室で過ごすことが許されないムードになります。それでは、教室でのんびりと過ごしたい子どもにとっては、休み時間がストレスとなり、どこかでその歪みが出てくることでしょう。

休み時間は、原則として子どもの意志を尊重しなければなりません。その日の気分や体調で、過ごしたい場所は変わるものです。教師が外遊びを推奨し、子どもと一緒に遊ぶことは大事なことですが、間違っても「昼休みは、運動場で全員遊びの時間」などという学級の決まりを作るべきではありません。

もし、教室で過ごしたい子どもがいるならば、そっとしておきましょう。時々、教室の様子を見に行き、友達と楽しそうに過ごしているのであれば、問題ありません。休み時間ぐらいは、好きなことをさせてあげましょう。その時間の使い方は、十人十色です。

外遊び

第七条

雨の日は、子どもウオッチングをして人間関係を把握する

外遊びが習慣になれば、雨の日が特別な日になります。教室で子どもたちとゆっくりと過ごせる貴重な時間ができるからです。

私の場合は、あえて距離をとり、子どもウオッチングをして過ごすことが多いです。運動場での外遊びより、教室で過ごしている時のほうが子どもの様子をより観察しやすくなります。教室内で繰り広げられる会話に耳を澄ますと、様々なことが見えてきます。子ども同士の関係性や仲良しグループ、一人ひとりのその日の調子までわかってきます。

子どもウオッチングを通して、クラスの人間関係をしっかりと把握します。そして、休み時間に一人寂しい思いをしている子どもはいないかと、目を光らせます。どれほど楽しい休み時間でも、誰か一人でも孤独を抱えて過ごしているのなら、私は他の子どもと心の底から笑うことなんてできません。そのような子どもを見かけたら「どうしたの？」と、そっと声をかけて、その原因を探ります。もしかしたら、その日だけ一人で読書をしたい気分だったのかもしれません。仲の良い友達とけんかをしたのかもしれません。いじめを受けているのかもしれません。あらゆる可能性を視野に入れて、話を聞いて、解決の糸口を探ります。とにかく「一人ぼっち」には、敏感に反応していきましょう。

外遊び

第八条

遊びの中で、ルールを守る大切さを教える

どのような遊びにも、ルールがあります。ルールを守らない人がいれば、本来楽しいはずの遊びも楽しくなくなります。それゆえ、たとえ休み時間でも、ある程度の遊びのルールは決めておいたほうがいいでしょう。例えば、鬼ごっこでは鬼にタッチされたらすぐにタッチ返しをしない、ドッジボールなら首から上はセーフで横投げはなし、サッカーならオフサイドはなしにするなど、子どもの発達段階、状況に応じてルールをアレンジします。

ただし、決して教師一人が独断でこれらのルールを決めないように気を付けます。なぜなら、あくまで休み時間の主人公は子どもたちだからです。私は、いつも何か遊びの中で問題が生じれば、新ルールを子どもに提案してそれを承諾させたり、子ども同士で話し合わせたりします。そうすることで、子どもたちは「自分たちで決めたルール」として認識して、不平不満が出にくくなります。

大切なのは、いつの時も子どもの気持ちに寄り添い、一人ひとりの意志を尊重することです。その姿勢があれば、ルールを破ろうとする者は出てきません。逆に、子どもの気持ちを汲み取らずに、強制的にルールの名の下で従わせようとすると、反発を招いて休み時間はつまらないものになってしまいます。

外遊び

第九条

一ヶ月に一回程度は、教師対決をして盛り上がる

子どもは、教師がいなくても勝手に遊びます。ですが、教師がいたほうが断然盛り上がります。そして、誰もが安心して遊べる環境が自然に整います。

子どもだけでは、少なからず弱肉強食の世界ができあがってしまい、運動が苦手な子はあまり活躍できなかったり、蔑まれたりする可能性があります。その場に教師がいることで、子どもにある程度の自制心が働いて、誰もが気兼ねなく遊ぶことができます。それだけでも十分に教育的効果が得られるのですが、さらに外遊びに熱中させたいのなら、教師対決を行うのがおすすめです。

教師対決とは「先生チーム」を数名の子どもと結成し、その他大勢の「子どもチーム」でドッジボールでもサッカーでも全力で対決するというものです。その際に「もし先生に勝ったら、宿題を一つ減らす」など条件をつけると、おもしろいほど盛り上がります。ただし、このようなボーナスチャンスは、月に一度くらいの頻度が無難です。

全力で遊んだ後は心も体も軽くなり、落ち着いて学習に取り組むことができます。一ヶ月に一回程度なら「宿題なしチャレンジ」も刺激的で悪くないと個人的には思っています。時には、このような遊び心も持ち合わせていきたいです。

外遊び

第十条

体調管理も
仕事のうち。
運動をして
毎日元気に過ごす

「適度な運動・バランスのとれた食事・十分な睡眠が毎日を元気に過ごすポイントです」
このように、健康について子どもに話すこともあると思います。事実、ある程度の病気はこの三点を意識することで、未然に防ぐことができます。誰もが一度は聞いたことのある健康維持法です。「体調管理も仕事のうち」私は毎年、年間皆勤賞をとるつもりで勤務しています。

活力ある教師になるために、この三点のうち気楽に実践できるのが「適度な運動」です。他の職種であれば、仕事とは別にわざわざ運動する時間を捻出しなければなりませんが、小学校教師は違います。休み時間に子どもとふれあいながら、声をかけあいながら、和気あいあいと適度な運動ができるのです。この小学校教師の素晴らしい特権を生かさないというのは、あまりにももったいないと常々思っています。

仕事で悩んでいる時、学級経営がうまくいかない時、授業で頭を抱えている時、そのような時こそ外に出ましょう。頭の中がスッキリとして、不思議と物事が良い方向に向かい始めます。ぜひ、外遊びを習慣化してみてください。これからの教師生活が、もっともっと楽しくなるはずです。

情熱の学級経営術その3　～授業編～

誰もが夢中になる授業を目指し、子どもと共に成長し続ける

言うまでもなく、教師の本業は授業です。授業を通して子どもを鍛え、教師としての力量を上げていきます。四十五分の授業を見れば、クラスの状態が手に取るようにわかります。教師と子どもの縦の関係、子どもと子どもの横の関係、それらが織りなすクラスの雰囲気。それら全てが見てとれると言ってもいいでしょう。

魅力ある授業を実践する教師のもとでは、子どもは生き生きと活動します。個々が輝きます。その逆だと、教師のただの独り相撲になります。発問をしても挙手するのは、お決まりのメンバーのみ。指示を出しても、上の空。子どもにとっては「やらされているだけの授業」です。誰もこのような授業はしたくないはずです。ですが、普段からの積み重ねができていないと、そのツケが必ずきます。

では、その積み重ねとは、どういうものでしょうか。それは、四十五分の授業の中で全員が教師の発問に対して手を挙げられ、発表できること。それは、全員が誰の話でも静かに聞けること。それは、全員が課題に対して、最後まで諦めずに精一杯取り組めること。

私の場合は、まずこの三点を徹底的に押さえます。人によって、授業でのこだわりは違います。こだわりは違っても、明確な目標を持って授業で子どもを鍛えていくことが大切です。それが同時に、自分自身を鍛えることにもなるのです。

授業

第一条

全員参加型授業を目指して、誰一人として置き去りにしない

例えば、マラソン大会なら、ピストルの合図で全員が走りだします。例えば、音楽会なら、指揮者の合図で全員が歌ったり合奏したりします。普段行っている授業でも、同じことがいえるのではないでしょうか。授業が始まれば、全員が何かしらの発言や発信をして活躍します。そのような場を与えなければなりません。それが、指導者の責任です。

授業中に「自ら手を挙げて発表をしない」ということ。それは、厳しい言い方ですが、マラソン大会でいえば「号砲が鳴っても、スタートラインに突っ立っているだけの選手」ということになります。私は、そのような状態の子どもを一人たりともつくらないようにしています。挙手発表だけが全てではありませんが、一つの授業を評価する重要な指標であることに、間違いはありません。

このような理由から、私はいつも全員発表ができるように努めています。黒板の前の教卓には、座席表を貼り指名した子どもをペンでチェックして、確実に全員発表できたかを確認しています。

どのような形であれ、全員参加できる授業こそがわかりやすく、知的で楽しい授業です。いつも決まった子どもばかりが発言し、いつまで経っても発表できない子どもがいる。そのようなことが日常の一部にならないようにしていきましょう。

授業

第二条

あこがれの教師の授業を見て、自らの理想を思い描く

教師二年目、再起を誓って必死に学級経営を行っていた頃、ある六年生のクラスの研究授業を見に行き、衝撃を受けました。教師が投げかけた発問に対して、全ての子どもが林のように手を挙げていました。そのうちの一人が指名されると、一斉に指名された子どものほうに体を向けて、目と耳と心で発表を聞いていました。最初から最後まで、集中力を切らすことなく教師と子どもが一心同体となって作り上げている、そんな授業でした。「いつか、こんな授業をしてみたい！」心の底からそう思いました。放課後、その先生のもとへ行き、日々の教育実践をいろいろと聞きました。そして、自分にもできそうなものを全て実践しました。その中には、今現在でも実践しているものもあります。

教師という仕事は、ある意味で孤独です。同僚の学級経営が見えるようで見えません。ゆえに、自分の実践していることが正しいと思い込んでしまう時があります。それを防ぎ、常に自分自身をアップデートしていくために、積極的に自分があこがれている教師の授業を参観させていただくことをおすすめします。たった一コマの授業からでも、学級経営が垣間見えます。そこから貪欲に学び、真似ができそうなところは自らの授業でも取り入れてみてはいかがでしょうか。

授業

第三条

いつも笑顔で元気よく、多様な意見を受け入れる

授業が上手な教師には、決まってある共通点があります。それは、いつも笑顔で元気よくポジティブでいること。どのような意見でも受け入れていること（無論、明らかにふざけた意見に対しては毅然とした態度で指導をしなければなりませんが……）。これらが、子どもに「教室は、間違ってもいい場所なんだ」という安心感をもたらし、学習意欲が高まる効果を生み出します。

授業は、生き物です。いつも計画通りに進むとは限りません。教師が意図するような答えが返ってこないこともあります。予想外のつぶやきもあります。そのような時、スルーすることなく授業の幅を広げるチャンスとして、取り上げていきましょう。指導案通りの完璧な授業を目指さなくてもいいのです。「おおよそ筋書き通りになれば、それでよし」というような心構えでいけば、多様な意見を受け入れられるようになってきます。そうすることによって、授業は盛り上がり、子どもに自信と安心感をもたらします。

教師の笑顔と元気が、授業には必要不可欠です。誰も暗くて元気のない教師には、教わりたくありません。当たり前のことですが、これを当たり前のように毎日実践することは、意外と難しいものです。誰しも多少の気分の浮き沈みはありますが、せめて子どもの前では役者でありたいものです。

授　業

第四条

説明や指示は、できるだけ簡潔に一分以内で終わらせる

教師による説明や指示は、一回の話につき一分以内で簡潔に終わらせるように意識します。一分以上の長すぎる話は、デメリットしかありません。

第一に、子どもの聞こうとする集中力が途切れてしまい、結局何を聞いたのかわからなくなります。同時に、話し手も話の焦点がずれていくことがあり、結局何を一番に伝えたかったのかわからなくなることがあります。いわゆる「授業からの脱線」です。授業の流れが滞り、その場の雰囲気がだらけてしまう危険性もあります。たまには、息抜きという意味で必要かもしれませんが、これが日常茶飯事になるのは考えものです。

一度、自分が子どもに話している内容を録音してみると、客観的に分析することができます。話し方の癖や特徴をつかみとり、そこから無駄な言葉を削っていきます。

いくら話の内容が興味深いものだとしても、それが長時間になればなるほど、子どもならずとも苦痛に感じる時があるでしょう。特に、資料やプロジェクターなどの視覚に訴えるものがなければなおさらのことです。よって、それらを使用しない場合、説明や指示は短ければ短いほどいいです。「わかりやすく端的に伝える」これが基本です。これを押さえれば、話の途中に手遊びをする子どもの数は減り、注意することもなくなってきます。

授　業

第五条

授業中における「ムリ・ムラ・ムダ」をなくす

日々の授業の中には「満足できた授業」と「思い通りにいかなかった授業」があります。思い通りにいかなかった授業には、どこかに「ムリ・ムラ・ムダ」があります。

ムリとは、子どもの実態に即した課題ではなく、持っている能力以上のものを要求して発問や指示を出してしまうこと。解決法として、まずは全員が確実にできる共通問題を一つ出題します。解き方を確認した後、個別に問題を出して取り組ませるのがいいでしょう。

ムラとは、いつもある一部の子どもしか活躍していなかったり、授業スタイルが確立していなかったりして、どこか偏りがあり安定していない状態が続いていること。解決法として、ある程度の授業の型を確立させて学習の見通しを持たせた上で、全員参加型の授業を構成していくことが挙げられます。

ムダとは、一つの活動に必要以上に時間をかけたり、教師や子どもの発言がまとまりなく長かったりして、無意味（ムダ）な時間が生じて授業がだらけてしまうこと。解決法として、普段から余計な言葉を削り、話を端的にするように意識したり、一つの活動は長くても十五分以内にとどめたりする方法があります。

以上、三つの「ム」をなくすことで、授業改善ができるかと思います。一度、ご自身の授業を見直してみてください。

授業

第六条

得意教科では、こだわりをもって授業をする

我々教師も子どもと同じように、好きな教科や得意な教科はあります。それらの教科に対しては、こだわりを持って熱く授業をしていきましょう。私にとってこだわりとは、その教科を通して子どもたちをどう育てたいか、どう成長させたいかという願いのことです。私の場合なら、体育・外国語活動・道徳がそれにあたります。体育なら、体を動かす楽しさを感じて心身ともに強くなってほしいという思いのもとで、率先して手本を示して毎回体操服が汗でびっしょりになるぐらいの運動量を目指しています。

外国語なら、日本だけでなく、世界に目を向けられる国際人になってほしいという思いのもとで、オールイングリッシュをモットーに積極的にＡＬＴとのコミュニケーションを図り、英語が話せる楽しさを、世界が広がるおもしろさを伝えています。

道徳なら、いじめは絶対に許さない、発生させないという思いのもとで、自らの体験を織り交ぜながら子どもの心を揺さぶるような授業を考えて実践しています。

熱意ある授業は、必ず子どもに伝わります。それを察知した子どもは、担任と同じようにその教科を好きになることが多いです。

自分の得意教科を極めることが、最終的には子どもを成長させ、学級を安定させることにつながります。

授業

第七条

道徳教育に力を注ぎ、学級経営の土台にする

『道徳教育は、人格形成の根幹に関わるものであり、全教育活動の中核をなし、「生きる力」の基盤となるものです。道徳性を養うことは、子どもたちが自らの人生をよりよく生きていくために極めて重要であることから、学校教育において「特別な教科　道徳」が設けられています。』

これは、道徳の教科書の裏表紙にある文言です。ここでは、全教育活動の中核となすのが道徳だと明言しています。これを私なりに解釈すると「心の教育があってこその学習」ということになります。

どれほどテストで満点を取っても、どれほど授業中に素晴らしい意見を発表しても、その子どもが人の不幸の上に自分の幸せを築くような子どもだったら、どうでしょうか。私は、教師として、親として、たとえ多少勉強ができなくても人の痛みがわかり、自分の喜びを人と分かち合えるような心の優しい子どもを育てたいです。

道徳の授業では、単に文章を読んで登場人物の気持ちを考えるだけでなく、それぞれの教材に合わせて、私にしか伝えることのできない経験や想いを語ります。これこそが「生きた教材」であり、子どもの心に響くものだと確信しています。よって、道徳教育に力を注ぐことが、いじめを許さない思いやりある学級経営の土台となります。

授　業

第八条

ＩＣＴ技術を駆使し、時代の変化に対応できる授業を目指す

近年、文部科学省が打ち出した「ギガスクール構想」によって、学校の授業が大きく変化しています。この「ギガスクール構想」とは、①校内通信ネットワークの整備、②一人一台の端末整備を令和五年度までに完了させるという方針のことです。教育のＩＴ化を推し進めて個別の最適化された学びの追求が大きな目的であり、令和の時代において大きな教育改革の一つとして挙げられています。

一人一台の端末の環境が完全に整った今、ＩＣＴを活用した授業が以前にも増して求められています。以前なら、クラスの意見を視覚化して共有するためには、黒板に全員の意見を書くのが主流な方法でした。今は、端末の共有機能により瞬時にして全員の意見が見られて、積極的な交流が図れるようになりました。また、共同編集機能により、作業効率が上がり、子ども同士での活発な学び合いも可能になりました。

端末導入前と比べて、劇的な変化です。この学習の改革は、よりよい学びを生み出す大変便利な手段の一つになりました。これからは、ＩＣＴを取り入れた新しい授業の形を積極的に取り入れて、自分自身をアップデートしていくことが求められます。臨機応変に、従来の手段（黒板の利用）も学習する上での選択肢の一つとして考えて、どちらかに偏ることなく、両者の長所を生かしたバランスのとれた授業が大切ではないかと思います。

授業

第九条

忘れ物は叱らず、
そのことを
正直に言えたことを
ほめる

私のクラスでは、基本的に忘れ物に関して貸し出せるものは全て貸し出します。筆記用具を中心に、のり・ハサミなども用意しています。友達同士での貸し借りはトラブルのもとになるので、原則として禁止しています。

「忘れ物をしない」これが一番いいのですが、人間誰しも忘れる時もあります。その時に、なぜ忘れてきたのかを叱るより、正直に忘れてきた事実を報告することのほうが大切ではないかと思います。例えば「先生、国語の教科書を忘れました」と報告できれば、まず正直に報告できたことをほめます。その上で「これからは気を付けようね。今日は、先生のものを使いなさい」と貸します。そこで、「ありがとうございます」とお礼が言えたら花丸です。忘れ物対応は、これだけで十分です。

私が忘れ物に対して叱る時は、忘れたのに忘れたということを報告しない、忘れているのに持ってきているふりをしてごまかしている場合です。そのような嘘やごまかしが平気になると、やがては友達にまで嘘をつくようになりクラスは荒れていきます。「正直であること」「素直であること」は、子どもが成長していく上で必ず身につけたい力です。いくら失敗をしたり、忘れ物をしたりしても、正直で素直であれば何度でもやり直しがききます。それは、人として信用できるからです。私は、このような考え方を子どもに伝えています。

授業

第十条

研究授業は積極的に受け入れ、教師としての力量を上げる

料金受取人払郵便

新宿局承認

7553

差出有効期間
2024年1月
31日まで
（切手不要）

郵便はがき

1608791

141

東京都新宿区新宿1－10－1

（株）文芸社

愛読者カード係 行

お名前《ふりがな》				明治　大正 昭和　平成　　年生　　歳	
ご住所《ふりがな》	□□□-□□□□				性別 男・女
お電話番号	（書籍ご注文の際に必要です）	ご職業			
E-mail					
ご購読雑誌（複数可）			ご購読新聞 新聞		

最近読んでおもしろかった本や今後、とりあげてほしいテーマをお教えください。

ご自分の研究成果や経験、お考え等を出版してみたいというお気持ちはありますか。

ある　　ない　　内容・テーマ（　　　　　　　　　　　　　　　）

現在完成した作品をお持ちですか。

ある　　ない　　ジャンル・原稿量（　　　　　　　　　　　　　　　）

書　名			
お買上 書　店	都道 府県　　　　市区 郡	書店名	書店
		ご購入日	年　　月　　日

本書をどこでお知りになりましたか?

1.書店店頭　2.知人にすすめられて　3.インターネット（サイト名　　　　　）

4.DMハガキ　5.広告、記事を見て（新聞、雑誌名　　　　　）

上の質問に関連して、ご購入の決め手となったのは?

1.タイトル　2.著者　3.内容　4.カバーデザイン　5.帯

その他ご自由にお書きください。

（　　　　　　　　　　　　　　　　）

本書についてのご意見、ご感想をお聞かせください。

①内容について

②カバー、タイトル、帯について

弊社Webサイトからもご意見、ご感想をお寄せいただけます。

ご協力ありがとうございました。

※お寄せいただいたご意見、ご感想は新聞広告等で匿名にて使わせていただくことがあります。

※お客様の個人情報は、小社からの連絡のみに使用します。社外に提供することは一切ありません。

■書籍のご注文は、お近くの書店または、ブックサービス（0120-29-9625）、セブンネットショッピング（http://7net.omni7.jp/）にお申し込み下さい。

体育の見せ場といえば運動会。音楽の見せ場といえば音楽会。普段の授業の成果を発揮する場といえば、研究授業です。それは、教師としてのプライドを持って臨む「真剣勝負の場」です。それは、教師としての力量を良くも悪くも他の先生方に見ていただく場でもあります。これを、自ら好んで受け持つ人はあまりいないでしょう。なぜなら、受け持つ教師は重圧の中、膨大な時間と労力を四十五分の授業のために費やさなければならないためです。しかし、これを避けていては、いつまで経っても教師としての力量はたいして上がりません。

第三者に客観的に研究授業を見てもらい、助言をもらってこそ、教師としての力量が上がります。教師の力量が上がれば、それが目の前にいる子どもに還元されます。いつも教室の扉を閉めて学級王国に浸っていては「井戸の中の蛙」です。授業を公開することにより、子どもにとっても教師にとっても大きな成長があります。たとえ、研究授業が自分の思い通りに進まなかったとしても、失敗の数だけ学びがあります。苦労した分だけ得られるものがあります。一年に少なくとも一回、できれば二、三回、他の先生方に見てもらう機会を作って、自己成長のために積極的にチャレンジしていきましょう。

情熱の学級経営術その4　～ほめる編～

誰一人欠けることなく、全員にスポットライトを当てて、ほめる

人は、誰でも他者から自分を認めてもらいたいという欲求があります。他者から認めてもらうことにより、自己肯定感が高まり、さらに自分や他者のためによりよい行動をとろうとします。

私にとって「相手を認める」というのは、相手の存在をありのままに受け入れるのと同時に、その良さを見つけてほめるということです。教師に認めてもらうこと、そして友達に認めてもらうことが、子ども一人ひとりの居場所を作ることになります。そのためにも、誰一人欠けることなく全員にスポットライトを当ててほめてあげたいものです。

「このクラスにはあなたが必要なんだよ。あなたは、みんなから愛されているんだよ」というメッセージをあらゆる形で伝えます。学校生活を安心して送れるという土台がなければ、子ども一人ひとりが活躍できる状況を作ることはできません。いじめを抑制する意味においても、子どもをほめるという行為は、重要な役割を果たすことになります。

ここで注意すべき点は、とりあえず手当たり次第にほめたらいいというわけではないということです。その子どもにしかない良さを見つけて、様々な方法でほめていきます。どのような子どもでも、キラリと輝く瞬間が必ずあります。それを見逃さず心の底からほめて、長所を伸ばしていくことは、教師の重要な仕事の一つです。

ほめる

第一条

心の底からほめる。口先だけの言葉は響かない

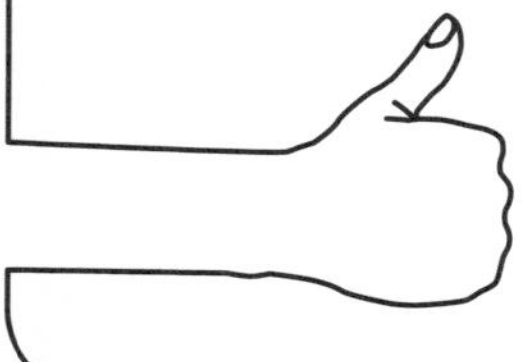

教師一年目の私は「とりあえずいいところを見つけてほめれば、いいクラスが作れるだろう」と安易に考えて、子どもに接していました。その結果、一つ一つのほめ言葉が上っ面だけのものとなり、子どもと良好な信頼関係を築くことができずに不甲斐ない一年を過ごすことになりました。

「とりあえずほめる」や「なんとなくほめる」なら、はじめからほめないほうがいいと思います。ほめる時には、心の底からほめる。これが、鉄則です。上っ面だけの「すごい！」「かしこい！」「素晴らしい！」は、心に響きません。逆に、不信感を招くことさえあります。心に響かせるためには、具体性を持ってほめて、それを見て自分自身がどう感じたかを相手に伝えることが重要です。

例えば、「集中してえらいね！」だけではなく「先生の話を集中して聞けてえらいね。みんなのお手本になるよ！」と言います。もちろん、時には短く「集中できてえらい！」と力強く言うのもよいでしょう。ただ、それがお決まりのフレーズのようにワンパターン化しないように気をつけます。あらゆる角度から、子どもをほめられるように常日頃から意識して過ごしていきましょう。

ほめる

第二条

ほめる場面を見逃さない洞察力を身につける

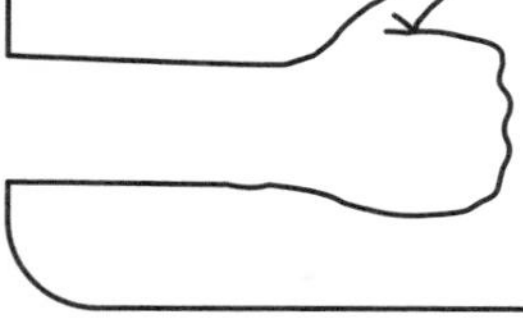

子ども一人ひとりをよく観察して、その子なりの長所を見つける。そして、ほめ言葉とともに、その長所をさらに伸ばしていけるように支援する。そのために必要となるスキルが、「ほめる場面を見逃さない洞察力」です。授業中だけではなく、休み時間や給食の時間、そうじの時間なども子どもと過ごしながら、一生懸命に取り組んでいることや思いやりある行動を見つけていきます。

ささいなことでもほめる材料を見つけたら、どこかに書き留めておきます。日々の記録として、一日一つは誰かのいいところを見つけてメモをする習慣をつけておけば、学期末の所見や個人面談でも、大変役に立ちます。それをどのように伝えるかは、自由です。間髪をいれずにほめても、時間をかけてほめても、連絡帳に書いてほめてもよいでしょう。このように「ほめる」と言っても、様々な方法があります。時と場合と相手によって使い分けることができれば、その効果も倍増します。大切なことは、定期的にほめる材料を見つけて、担任の想いを伝え続けることです。

次項から「ほめほめ作戦」と称して、私が実践しているほめ方の種類と方法を紹介していきますので、ぜひ参考にしてください。

ほめる

第三条

ほめほめ作戦その一
～連絡帳を通して保護者に伝える～

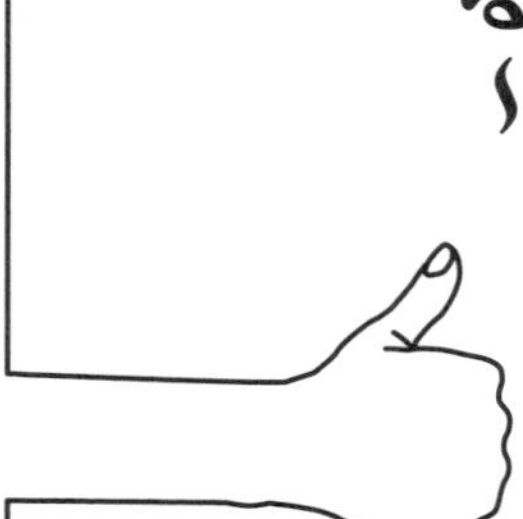

家に帰ってきた子どもから「先生が連絡帳に何か書いているよ～」と言われたら、大半の保護者は嫌な予感がするのではないでしょうか。事実、教師が連絡帳を介して個人的に書いている内容は、大抵はあまり喜ばれない内容が多いように思います。怪我のことだったり、忘れ物のことだったり、トラブルのことだったり……。

そのような連絡帳を、逆に子どもの長所をほめるツールとして使ってみてはどうでしょうか。これまでほめられる場面より怒られて指導される場面のほうが多く、その環境に慣れてしまっている子どもにこそ、焦点をあててアプローチをかけます。親も子どもも、連絡帳や電話でトラブルの報告ばかりされると、決していい気持ちにはなれません。結果、教師の要望に対して快く応じないこともあります。

この悪循環を断ち切るために、指導することよりもほめることを懸命に探し出し、その子どものがんばっていることを定期的に連絡します。そうすると、少しずつ子どもとその保護者の信頼を得ることができ、いずれは味方になってくれます。

我が子のことを気にかけている教師を悪く思う親はいないでしょう。両者を味方につけると、子どもは自然と変わりはじめます。その変わるきっかけを与えるためには、第一に教師への信頼が絶対条件になります。

ほめる

第四条

ほめほめ作戦その二
～表彰状を渡して、気持ちを形で示す～

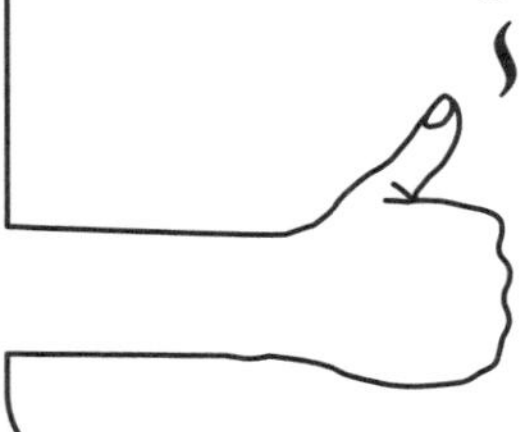

学校で表彰状をもらう機会は、人によってはかなり少ないといえます。学級委員長や副委員長になった時や、マラソン大会で入賞した時、読書感想文や習字や絵画で優秀な作品に選ばれた時など、もらえる機会は限られています。一度も表彰状をもらえずに卒業する子どももいるでしょう。もらえる子は毎年のようにもらえますが、もらえない子はいつまで経ってももらえない。そのような印象さえ受けます。誰もがそれぞれの長所があるはずなのに……。

この不公平感を解消するために、私はクラス全員にそれぞれの長所を記した表彰状を渡しています。少し手間暇はかかりますが、その分担任の気持ちはストレートに本人の心にまで届きます。ある子どもは、それを宝物にして部屋に飾っていると教えてくれました。ありがたいことです。

表彰状を渡す時は、事前に日時を設定します。私の場合は、毎週金曜日の朝に必ず一人には表彰状を渡すと宣言し、結果的に一年間で一人あたり三枚の表彰状を渡しました。その内容は、それぞれ違うもので、あえて全員の前で読み上げて渡します。そうすることで、クラス全員にその子どもの長所を共有することができ、本人の自己肯定感も高まります。言葉だけではなく、気持ちを形で示してこそ伝わる愛もあります。

ほめる

第五条

ほめほめ作戦その三 ～「いいところ見つけノート」を活用する～

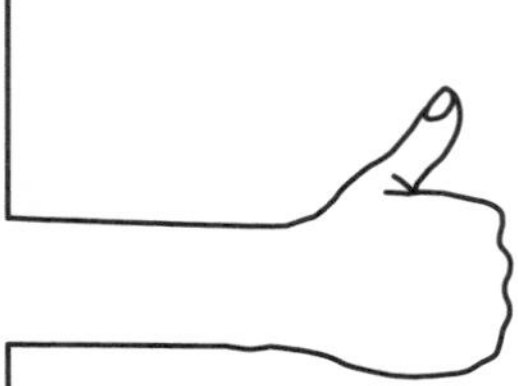

友達の良さを認め合える思いやりある学級を育てるには、教師だけの力では不十分です。子ども自身がお互いを認め合い、ほめ合う機会を作ることで、より積極的に友達のいいところを探して見つけるようになります。そのきっかけとなるのが「いいところ見つけノート」です。このノートは、友達のいいところを誰でも自由に書きこんでもよいノートのことで「○月○日○○さん、私が色鉛筆を落とした時に一緒に拾ってくれました。とても優しいと思いました」というように、事実と感想をセットにして書きこみます。

初めのうちは、教師が率先して書きこむようにして、その習慣が子どもにも浸透するように仕掛けます。日直の仕事の一つとして、課してもいいでしょう。次第に、他の子どもも同じように書きこむようになれば「クラスの文化」として根付かせることができます。それを終わりの会で、日直が読み上げるというシステムを作ります。友達のいいところが積み重なり、目に見える形で残っていくので、クラスの思い出ノートにもなります。

一日の終わりに友達のいいところが読み上げられる時間。いいところを書いた人も、書かれた人も、笑顔になれます。みんなの心が温かくなり、明日も学校に来るのが楽しみになることでしょう。子どもを笑顔で家に帰すことは、その本人のみならず家族をも幸せにするということを、常に心に留めておきたいです。

ほめる

第六条

ほめほめ作戦その四
～ほめ言葉のシャワーを浴びさせる～

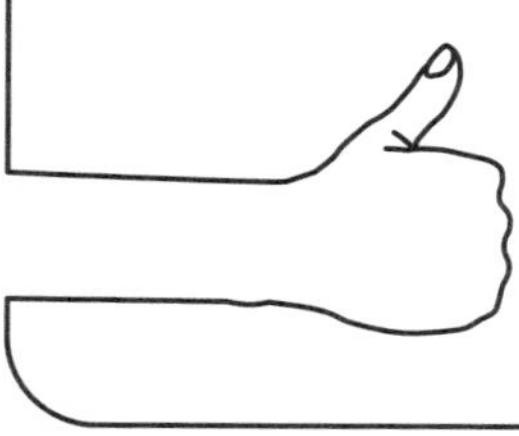

前項では、終わりの会で「いいところ見つけノート」を使って、友達のいいところを読み上げ、子どもをほめていく方法を紹介しました。この項では、出席番号順などで毎週一人にスポットライトを当てて、その子どものいいところをたくさん見つけ、それを金曜日の終わりの会の時にほめていく方法を紹介します。これは、教育者である菊池省三先生という方が考案された「ほめ言葉のシャワー」に近いものです。一人にターゲットを絞り、全員でほめることによって、より多くの視点でその子どもの長所を発見することができます。また、全員が順番に主役になるため、ほめられる人が偏ることもなくなります。

行い方は、まず月曜日の朝に「今週の人」を子どもたちに伝えます。そして、金曜日の終わりの会までに「いいところ見つけノート」にその子どものいいところを全員一つは見つけて書くようにと指示を出します。金曜日の終わりの会では、その子どもを教壇の前に立たせて、一人ひとりのほめ言葉を順番にノートを回しながら伝えていきます。クラス全員からのほめ言葉のシャワーを浴びて、自分の長所を再発見できる絶好の機会となります。一学期は前項のようにノートに自由に書きこませていき、それに慣れてきた二学期に一人ずつ順番にほめ言葉のシャワーを実践するのがいいと思います。ちなみに、私はこの金曜日に合わせて、表彰状を渡していました。

ほめる

第七条

ほめほめ作戦その五
～リフレーミングを実践する～

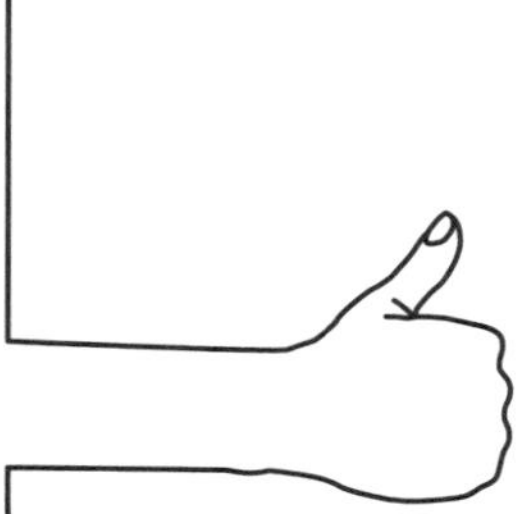

子どもの数だけ、ほめる内容も千差万別です。担任を持つ子ども全員の長所を見つけ、ほめて伸ばすというのは、思った以上に大変なことです。クラスの中には、長所が見つけやすい子どもがいる一方で、なかなか短所しか目につかない子どもがいることも事実です。

そのような時には、リフレーミングを実践して少し考え方を変えてみてください。リフレーミングとは、簡単に説明すると「マイナス言葉」を「プラス言葉」に変換して考えることを意味します。

「行動が遅い」→「マイペースで周囲に流されない。落ち着いている」
「落ち着きがなく、うるさい」→「活発で行動力がある。クラスのムードメーカー」
「忘れ物が多い」→「忘れ物をごまかすことなく報告できる正直者で、素直な性格」

このように、プラス言葉で考えるだけで、その子どもの印象が少し変わりませんか。必要に応じて、改善すべきところは然るべき指導をしていかなければなりませんが、教師の心の持ち方が変わります。心の持ち方が変われば、短所も長所に感じられて、全てを否定的に見ることはなくなります。心で思っていることは、自然と言動として表れるもの。子どもにとって「信頼できる先生」とは、第一にありのままの自分を受け入れてくれる先生なのではないでしょうか。

ほめる

第八条

様々な方法と
ほめ言葉を選んで、
あらゆる角度から
ほめる

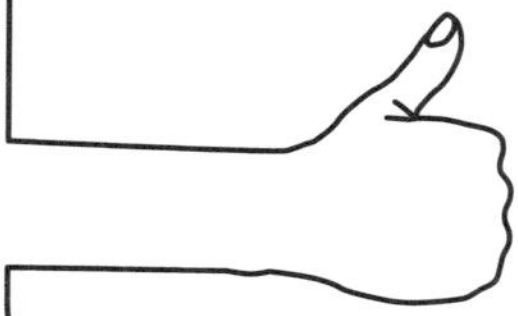

ほめ言葉とほめる方法がワンパターン化してしまうと、どうしても子どもがそれに慣れてしまい、ほめる効果が徐々に薄れてしまうことがあります。

一番オーソドックスなのが、直接本人に対して言葉でほめること。しかし、これだけでは心に響かせることは難しいでしょう。時には手紙で、時には人を介して、時には人前で、時には何かしらのプレゼントで、と様々な方法でほめます。そうすることで、その人なりの気持ちが真っ直ぐに届くのではないかと、私は考えています。

子どもの実態に合わせて、ほめる方法やほめ方を変えてみましょう。誰もがクラスみんなの前でほめられることを望んでいるわけではありません。目立ちたがり屋の子には、みんなの前で大袈裟にほめます。その一方で、恥ずかしがり屋の子には、後でこっそりと呼び出してほめます。少し強がりな子には、連絡帳や付箋にメッセージを書いてほめます。または、あえて他のクラスの子を介して伝言ゲームのようにほめる方法もあります。

一人ひとりに合わせたほめ方とほめ言葉を選んでほめることにより、その効果を最大限に発揮することができます。ほめる内容が千差万別なら、ほめ方も千差万別。子どもに合わせた最適なほめ方を見つけていきましょう。

ほめる

第九条

職員室では、子どもの成長したところを意識して語る

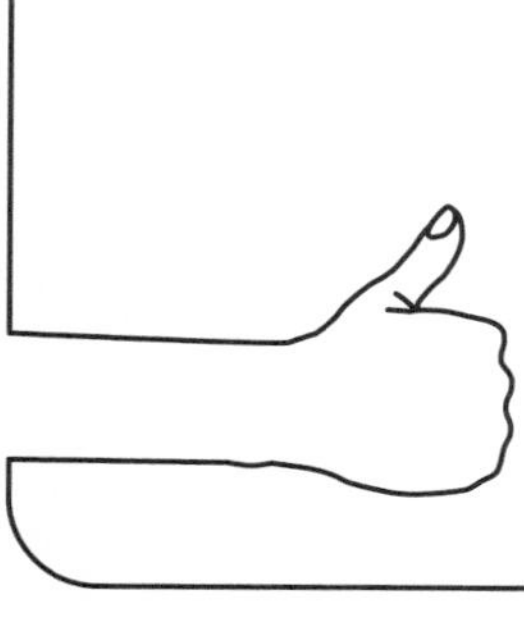

職員室は、同僚と落ち着いてコミュニケーションがとれる場であり、様々なことを相談する場でもあります。相談することで心が軽くなり、解決策を見いだせることもありますので、一人で悩みを抱えないことは大切です。

しかし、その相談が子どもへの不満だけで終わらないように心がけましょう。仮に「あの子は、どうしようもない子だ」と思ってしまうと、実際に言葉にはしなくても、その気持ちはいずれ本人に伝わるかもしれません。さらに、心の中で思っていることを言葉にしてしまうと、不意に行動として表れてしまうかもしれません。「言霊」という言葉があるように、言葉には目には見えない不思議な力があるからです。

心に余裕がない時ほど、クラスの問題を子どもや環境のせいにして「自分自身に問題がある」という事実から目を背けがちです。心のバランスを保つうえで、当然そういう時も必要です。ですが「誰一人たりとも見捨てない」という強い気持ちだけは忘れないでおきたいです。職員室では、子どもへの不満だけではなく、子どもの成長したところも意識して語り合いましょう。気の利いた同僚なら、その話を本人にも伝えてくれます。

言葉には、目には見えない力があります。同じ話すなら、できるだけ前向きな話をしていきましょう。

ほめる

第十条

誕生日は、年に一度のほめほめ大チャンスと心得る

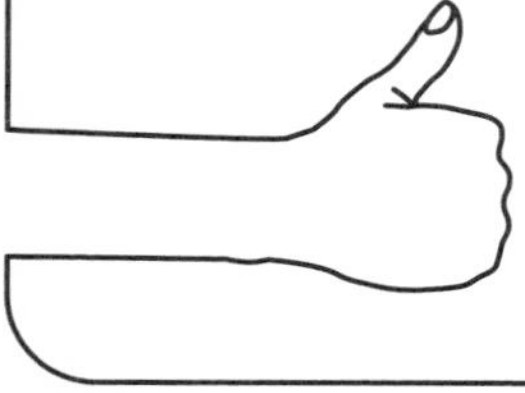

年度初めに新しいクラスを受け持つ時、必ず行うことがあります。それは、クラス全員の誕生日を自分の手帳に書きこむことです。年に一度の特別な日に、日頃の感謝の気持ちを祝福の言葉と行動で、一人ひとりの子どもに届けるためです。

具体的に実践しているのは、誕生日写真です。誕生日に、その子どもを囲んで全員で写真を撮ります。撮影場所は、子どものリクエストに応えます。そして、その写真の裏にお祝いメッセージを心をこめて書いて後日渡します。これが、私のクラスの毎年恒例誕生日イベントです。

子どもへの愛情は、心の中で想っているだけでは決して伝わりません。それを言葉にしたり、行動で示したり、形で残したりすることで初めて伝わります。その想いを子どもが受け取った時、教師に対する信頼度はぐんと上がります。

子を持つ親が、我が子の誕生日を祝わないということはないでしょう。学校生活の大半の時間を過ごす担任は、子どもにとって家族の次に身近な大人です。立場は違っても、子を想う気持ちはさほど変わらないはずです。「かけがえのない子どもたちの誕生日を心から祝ってあげたい」という想いを形にして子どもたち一人ひとりに伝える最大のチャンスが、この誕生日写真です。学級経営上、絶対に外すことはできません。

情熱の学級経営術その5　～学級通信編～

学級通信こそが、学校と家庭をつなぐ最強のツール

学級通信は、保護者に子どもの様子や担任の想いを伝えるツールの一つだけでなく、自分自身の記録にもなります。私は、教師二年目から現在に至るまで毎日学級通信を発行し続けています。決して楽なことではありませんが、コツさえつかめばそれほど大変なことでもありません。なぜ、発行し続けるのか。それは、学級通信を発行することで得られるものが大きいからです。その一つが、保護者からの圧倒的な信頼です。保護者を味方につければ、必然的に子どもも味方になります。そのアプローチ方法として、最も強力なのが学級通信だと考えています。

学校でいくら教育的愛情を持って精一杯子どもに接していたとしても、それが保護者に十分に伝わっていなければもったいないことです。それを目に見える形で示すのが、学級通信です。日々子どもと関わっている事実を文字や写真で伝えることで、信頼が得られ、家庭での協力も仰ぎやすくなります。仮に、何かクラス内で問題が発生して相談をしたとしても、親身になって話を聞いてもらえて、家庭と学校が足並みを揃えて子どもの対応にあたれます。

私の経験上、保護者を味方につければ、その子どもが担任に背を向けることはありません。逆をいえば、保護者に嫌われてしまうと、その子どもにも嫌われている可能性は大いにあります。保護者の影響を多大に受けるのが、子どもだということを忘れてはいけません。

学級通信

第一条

定期的に発行して、保護者の信頼をつかみとる

学級通信は、定期的に発行してこそ意味のあるものです。週によって、発行したりしなかったりすると、逆に不信感を抱かせる可能性があります。よかれと思って始めたことなのに、結果「いい加減な人」というレッテルを貼られてしまうかもしれません。なぜなら、一旦通信が家庭に届くようになると、保護者はそれなりに期待して待つようになるからです。それが、月日を追うごとに発行頻度が少なくなり、いつの間にか発行されなくなったということになれば、反感を買っても不思議ではありません。

一度学級通信を始めると決めたなら、必ず定期的に発行するようにしましょう。「週に一回月曜日に出す」「週に二回火曜日と木曜日に出す」など、発行する頻度を決めたら、それを遵守します。定期的に発行することで、学級通信はその威力を発揮します。生半可な気持ちで発行するならば、いっそ初めから発行しないほうが賢明です。「自ら決めたことは、最後までやり遂げる」という覚悟を持って取り組みます。最後までやり抜いてこそ、保護者の信頼をつかみとることができます。最後までやり抜いてこそ、教師としての力量を上げ、それが確固たる自信へとつながります。日々の積み重ねこそが、本当の力になるのだと強く信じています。

学級通信

第二条

写真さえあれば、記事はいくらでも書ける

保護者が一番に知りたいのは、我が子の学校生活です。家庭で学校のことをあまり話さない子どもは少なくありません。我が家の場合、小二の娘に「今日は、学校どうだった?」と聞いても「ふつう」「まあまあ」など、そっけない返答ばかりです。あまりしつこく聞くと、鬱陶しがられるので、それ以上は聞きません。結局「元気で学校に行ってくれればいいか」という考えに至ってしまいます。

では、通信で子どもの学校生活をわかりやすく伝えていくためには、どうしたらいいでしょうか。その答えが、スマートフォンやデジタルカメラの活用です。写真さえあれば、記事の内容はあとからついてきます。子どもの作品、グループワークの様子、全体写真など、普段の学校生活はもちろんのこと、目新しい活動をした時には、必ず写真を撮ります。とにかく、活動をするたびに写真を撮る習慣をつけます。これに尽きます。

「何を書こうか」からではなく「この写真から、どう文章を構成しようか」と考えると、案外簡単に文章は思い浮かんできます。書く材料さえあれば、あとは料理するだけ。その材料こそが、写真なのです。保護者も文章だらけの通信よりも、写真の多い通信のほうが絶対に喜びます。ぜひ、写真をフル活用した通信を作成してください。

学級通信

第三条

毎日発行の裏ワザは、まとめての作成にあり

毎日発行するとなると、大変な労力と時間を費やすだろうと思われるかもしれませんが、実際はそうでもありません。その裏ワザは、まとめての作成にあるからです。私は、週末の一時間半ほどで、前の週の出来事をまとめて一週間分作成しています。さすがに、リアルタイムで通信を作成して翌日発行することはできません。

作成の際は、撮りためた写真をフル活用して記事を書き上げます。時間がない時や文章がなかなか思い浮かばない時は、用紙の八割ほどを写真で埋めます。これだけでも十分です。優先すべきは、完成度よりも継続して発行していくことだからです。毎回、完璧な文章を求め続けると、身も心ももちません。無理のない程度に仕上げるからこそ、継続できます。

長い間、通信を発行し続けると膨大なデータベースができあがります。そこから、数年前の文章をコピーすることもあります。今の保護者にとっては初めて読む文章なのですから、全く問題はありません。

このように長く続けるほど、書くコツが身につき、短時間で仕上がるようになります。もし通信を発行していないのなら、毎日とはいわずとも週一回から始めてみてはどうでしょうか。「する」と「しない」では、雲泥の差です。

学級通信

第四条

学級通信は、学期末にも大いに役立つ

学級通信は、学期末にも大いに役立ちます。学期末の大きな仕事といえば、成績処理や総合所見です。多くの時間と労力を必要とする長期休み前の大仕事ですが、ここでせっかく発行している通信を利用しない手はありません。例えば、図工の成績をつける時には、過去に撮った写真を見れば参考になります。子どもの総合所見を考える時には、日々の活動を通信で振り返りながら、顕著にがんばった場面を思い出せばよいのです。

特にこの総合所見は、学期に一度、保護者に子どもの長所やがんばりを伝える極めて大切な文章です。所見一つとっても、教師としての力量を計り知ることができます。誰にでもあてはまるような定型文は避けて、その子どもにしかあてはまらないような文章を贈りたいものです。そのような文章を書く際に、日々通信のために撮りためた写真は、正確な情報を与えて子どもたちの様子を思い出す重要な手がかりとなります。私はこれに加えて、前章「ほめる編」で述べた「いいところ見つけノート」と照らし合わせて、効率的に所見を書いています。

学級通信

第五条

日々のドラマは随時報告し、学級における成長の足跡を残す

日によって、体の調子が良い日や悪い日があるように、学級もまたうまくいく日もあればいかない日もあります。ただ、一学期よりも二学期、二学期よりも三学期と、よりまとまりのあるクラスへ成長していくのが、本来あるべき姿です。四月当初の烏合の衆から一致団結したワンチームへ進化していくのが、理想の形です。その過程には、多くのドラマがあります。そのドラマ、言い換えれば、子どもたちが成長していく過程をサポートして見守っていけることが、担任としての醍醐味です。ぜひとも、その感動を保護者にも共有してもらいましょう。以下が、実際に掲載した内容です。

『クラスの逆転現象が起きました。逆転現象とは、「ある事柄に対して今までできないと思われていた子ができた現象」のことを言います。話し合い活動での質疑応答の時間。今までは聞かれた質問に対してうまく答えられなくて黙ってしまうことが多かった女子が、特にクラスの中でも口達者な男子の質問に堂々と答える姿がそこにはありました。この逆転現象は、周りの子どもたちにも伝わり、その女子が質問に怖気づくことなく答えるたびに自然と拍手の嵐。口達者な男子も、これには参った様子でした。』

このように学級における成長の足跡を残すことで、活動の振り返りも可能になります。

学級通信

第六条

担任の熱意は、必ず保護者にも子どもにも伝わる

教師の仕事は、ゴールを決めなければ、果てしなくあります。授業準備、教材研究、校務分掌、宿題やテストの丸付け、成績処理、保護者対応など、数多くあります。それに加えて、通信を発行するとなると時間を圧迫するのは確実です。極論、別にやらなくてもいい仕事をあえて行っていることになります。しかし、貴重な時間を割いてでも、通信を発行する価値はあります。その担任の熱意は、自然と文章に表れて必ず保護者にも子どもにも伝わるものだからです。連絡帳や個人懇談で、感謝の気持ちを伝えてくださる方がいます。

「毎回の通信、楽しみにしています。いつもありがとうございます」

「先生が担任で本当によかったです。来年度も、引き続きお願いしたいくらいです」

このような言葉をもらうと、今までの苦労が報われます。言うまでもないですが、お礼を言ってもらいたいがためにやっているわけではありません。保護者から好かれるためだけにやっているわけでもありませんが、心温まる言葉を頂けると素直に嬉しいものです。

私は、あえて週に一回程度は教育方針や信条を通信に載せています。保護者が一番知りたいのは、子どもの学校生活のことなので、必要以上には載せませんが、自分自身の考えをアウトプットするためにも書いています。熱い思いは、心の中に秘めているだけでは決して伝わりません。言葉や文章なり、形にしてこそ初めて伝わるものです。

学級通信

第七条

どの学校、学級でも一貫して発行する

私の初任校は大規模校で、全校生が約七百人いました。一クラス三十人程度は、当たり前でした。その中で、安定した学級経営を行うにあたり、毎日学級通信を発行していました。初任校には五年いましたが、一年目以外は、当時の私にとってそれなりに満足いく学級を築くことができました。その大きな要因の一つが、通信であることは言うまでもありません。

教師になって六年目。初めての異動があり、市内で一番小さな学校に赴任しました。全校生は、約七十人。前任校の十分の一です。児童数は一番少ないクラスで六人、多いクラスでも十六人でした。その学校で初めて持ったクラスは、六人学級でした。担当学年は三年生。とても落ち着いており、一番担任しやすいクラスだったようです。そこでも、私は迷わず通信を発行しました。通信を出さなくても、おそらくクラスが大きく崩れることはなかったと思います。しかし、そのような環境に甘えて、自分の信念を曲げたくはありませんでした。学校によって、学級によって、通信を出したり出さなかったりするのは、自分に嘘をついているようで嫌でした。「いかなる環境下においても、一貫した姿勢で通信を出し続ける」この強い意志と実行力がついたのも、日々の通信が鍛えてくれたものだと確信しています。

学級通信

第八条

担任の人生話を載せることも、時には大切

学校で学ぶことは、全て教科書からというわけではありません。友達との体験や一番身近な指導者である担任の話から学ぶことも数多くあります。むしろ、大人になってからも記憶に残っているのは、後者ではないでしょうか。

通信に載せた事例を紹介します。

『今回は私事ではありますが、新しい家族ができたことを報告します。妻のお腹に命が宿ってから三八週と五日。陣痛がきたらしく、入院する準備をして病院まで送りました。コロナ禍なので、立ち会うことは叶わなかったのですが、無事元気な男の子が誕生しました。安産だったようで、我が子も驚くほど小さくて愛らしい子でした。妻への感謝の気持ちと、新しい命の誕生に心が震えました。これからも教師として、三児の父親として、責任を背負い、今の私にできることを精一杯がんばっていきたいと思います』

何も、このような人生のビッグイベントだけを載せる必要はありません。新しく挑戦したことを載せるのもよいと思います。大切なのは、そこから何を学び、どう感じたのかを簡潔に伝えることです。担任の人生を多少なりとも知ることによって、保護者はその人間性をより深く知ることができます。親近感が湧きます。可能な範囲で自己開示をすることによって、今まで以上に信頼を寄せることができるのではないかと考えています。

学級通信

第九条

過大な見返りを求めた時点で、教師としての成長は止まる

定期的に学級通信を出せるようになると、教師としての自信がついてきます。力量もついてきます。目に見える形で、教育実践や思考をアウトプットし続けているからです。ただ、そこで保護者に対して過大な見返りを求めてしまうことは、大きな間違いです。

私の勤務校では、年に一度、保護者向けの学校評価アンケートというものがあります。そのアンケートに対して、私は「毎日学級通信を発行しているのだから、高評価に間違いない」と思っていた時期がありました。ところが「学校と家庭は連携がとれている」という項目で五段階評価のうち三の評価の家庭が少なからずいました。今でしたら、評価が三なら御の字ですが、当時の私にとっては納得いくものではありませんでした。「なぜ、評価が四や五ではないのか」と思ってしまいました。通信だけが評価対象ではないのに、不満を感じていました。おそらく、そのような気持ちが子どもにも素っ気ない態度として表れていたのかもしれません。最低です。今思えば、この天狗になった時点で教師としての成長は止まっていました。

保護者からの評価が良くても悪くても、それを真摯に受け入れて柔軟に対応していくことで、また前に進むことができます。むしろ、勇気ある指摘のほうがありがたいです。

自戒の念も込めて、いつの時でも謙虚で前向きな努力家でありたいです。

学級通信

第十条

年に数回は、保護者からのコメントをもらって宝物にする

基本的に、学級通信は一方通行です。自主的に通信の感想を書いてくださる家庭は、ごくわずかです。無論、そのような見返りを求めて通信を発行するものではありません。ただ、矛盾しているようですが、年に数回程度なら、こちらから意見を求めてもよいと考えています。意見をもらって、気付かされることもあるからです。実際の文章を引用します。

『この一学期間を振り返って、私に対してのご意見・アドバイスなどがあれば、ぜひともお願いします。私からだけのワンウェイではなく、学校とご家庭のツーウェイでお子様の教育にあたりたいと考えています。頂いたご意見は、真摯に受け止めて二学期に生かしていきます。ご指摘・ご批判もあれば、遠慮なくお知らせください。指摘していただくことで、自分自身を客観的に見ることができ、改善することもできます。お忙しい中恐縮ですが、一人でも多くのご意見を心よりお待ちしています』

意見の提出は任意ですが、たくさんの方が協力してくださいます。その多くが、ほめ言葉や励ましの言葉です。これを宝物にして、精神的に辛い時やくじけそうな時に見返すと、不思議と活力がみなぎってきます。明日への原動力ともなります。同じ発行をするなら、双方向型学級通信を目指していきましょう。

情熱の学級経営術その6　〜生徒指導編〜

事後指導より、事前指導に全力を尽くし、学級の荒れを防ぐ

生徒指導は、学級を安定させる上で絶対に必要なものです。ほめてばかりいても学級は育ちません。逆に叱ってばかりいても学級は育ちません。大切なのは、そのバランスとタイミングです。手当たり次第にほめたり叱ったりすることなく、然るべき時を見極めることによりクラスの規律と秩序が保たれます。叱り方にもよりますが、必要以上に指導しすぎると、子どもたちは叱られることに慣れてしまい、次第に言うことを聞かなくなります。その先に待ち受けているのは、学級崩壊です。

適切な指導は必要不可欠ですが、できることなら叱りたくはないでしょう。ならば、教師が叱るポイントを明確にして、子どもの心を耕すことを目的とした事前指導に全力を尽くしてはどうでしょうか。何か問題が起きてから指導する事後指導ばかりだと対応は後手後手となり、根本的な解決には至らないことがあります。指導をしても、同じようなトラブルが何度も続く場合は、一度指導の在り方を考え直す必要があります。それに対して、事前指導では、事前に指導を入れることで未然にトラブルを防ぐことができます。子どもを叱りつける必要がなくなります。

この章では、まず「事前指導」、その次に「事後指導」のポイントを考えていきます。

生徒指導

第一条

事前指導に全力を尽くし、問題を未然に防ぐ

生徒指導を行う上で最も重要なのが、何か事が起きてから指導する「事後指導」ではなく、何か事が起きる前に指導する「事前指導」に全力を尽くし、問題を未然に防ぐことです。では、具体的にどのように事前指導を行えばよいのでしょうか。

一つ目は、子どもに何か活動をさせる前に、約束事を決める事前指導です。例えば、席替えの場面では「今からあみだくじで席替えを行います。もし、席替えで隣になった友達のことを悪く言ったり、文句を言ったりする人がいれば、これからは先生がみんなの席を決めます。この約束が守れる人は、手を挙げなさい。（全員が手を挙げたことを確認してから）全員、約束しましたね。それでは、席替えを始めます」このように、事前に約束を守れなかった時のペナルティーを提示することで、子どもは約束を守ろうとします。

二つ目は、普段から自分を見つめ直す時間を取り入れて、心を耕していく事前指導です。その時間というのが、道徳の授業や教師の語りです。私の経験上、道徳が好きなクラスでは、いじめは非常に起こりにくいです。

どれだけ美しい心の持ち主でも、手入れをしなければ、いずれ心は荒れ果てていきます。日常的に子どもの心を耕す時間を、授業や教師の語りの中に入れていくことで、心は洗練され、人の痛みがわかる優しい子どもへと育つのではないでしょうか。

生徒指導

第二条

子どもの心を揺さぶるような己を語る道徳を実践する

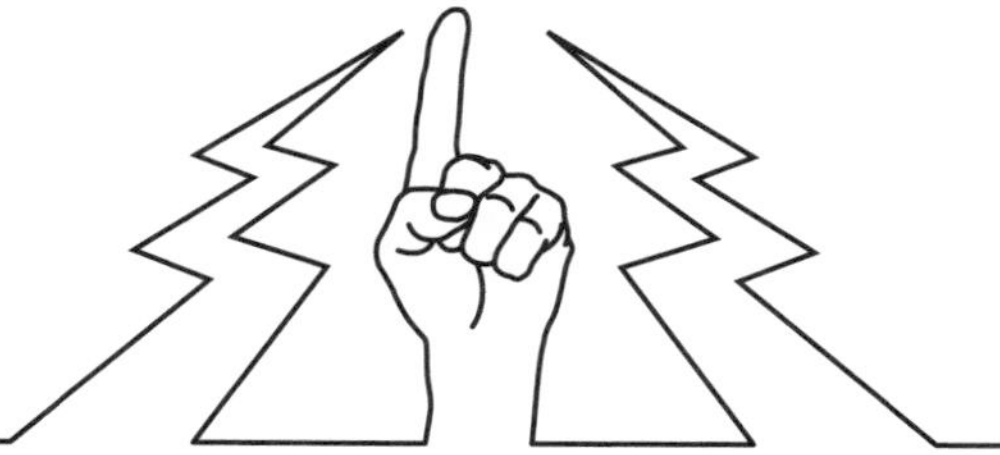

私が道徳の授業を行う際には、教科書の内容だけではなく、必ずどの教材でも私なりのメッセージが伝わるように授業を構成しています。

「家族への愛」や「命の大切さ」が学習のねらいである場合、肉親を失った時に痛感した「命のはかなさ」や我が子が誕生した時に感じた「命の尊さ」を実際のエピソードとして写真とともに語りかけます。そうすると、どの子どもも真剣に話を聞いていることを肌で感じることができます。これは、私にしか話せないエピソードであるため、どの教材よりも子どもの心に響きます。自らの経験を語ることほど、説得力のあるものはないです。

クラスで問題が起きた時は、いつも道徳の授業で学んだことを振り返らせています。いわば、行動指針の原点となるものです。

国語や算数も大切ですが、それ以上に道徳は、心の教育において重要な役割を果たしています。学校内でのトラブルやいじめを一〇〇パーセント防ぐことはできませんが、事前指導により、子どもたちにある程度の「心のブレーキ」をかけることはできます。その絶好の機会が道徳です。今までの人生を振り返り、ぜひ先生方にしかできない話をしてみてください。世界に一つしかない話だからこそ、子どもの心は揺さぶられ、学び多き授業となります。

生徒指導

第三条

朝一番の教師からの語りで、心を耕して磨く

「教師の話を一番集中して、子どもが聞くことのできる時間帯はいつか」と聞かれれば、私は迷わず朝一番と答えます。朝の会が終わった後に行う「先生の話」で、いつも大切なことを語ります。整理整頓が曖昧になってきた時には、いつも美しく整理できている子どもをお手本として示して、なぜ整理整頓が大切なのかを考えさせます。人間関係で困っている子どもから相談を受けた時には、事前にその子どもに許可を得た上で、関係者だけの話に留めず、名前は伏せて今のクラスの現状を話し、解決策を考えます。特に問題がないような時でも、子どもの心に響くような話を考えたり調べたりして語ります。

頭の中がすっきりしている朝の時間。この時間に、教師の説話によってクラス内にある小さな荒れの芽を一つずつ摘んでいき、子どもの心を耕して磨きます。この日々の繰り返しによって、最低限の指導だけで、円滑に学級を経営することができます。

いじめや事故、事件が起こる前には、必ずその前兆となるものが見られます。それをいち早く捉えて朝の時間に、問題提起をする。それだけで、子どもの心の在り方はずいぶんと変わってきます。そして何より大切なのは、問題が起きた時には、当事者間だけで解決しようとはせず、可能な限り情報共有をしてクラスみんなの問題として解決しようとする姿勢です。「一人はみんなのために」「みんなは一人のために」の精神です。

生徒指導

第四条

子どもを叱る基準を明確に示す

学級開きの日。私は、必ず子どもたちに叱る基準を明確に示し、以下のように語ります。
「先生は、このクラスで一年間過ごして本当に良かったな、たくさん自分自身が成長したなって思えるクラスにみんなと作り上げていきたいと思っています。そのために、普段はとても優しい先生ですが、今から言うことを守れなかった時は、厳しく叱ります。①いじめは絶対にしません。人を傷つけることを言ったりしたりした時、②係活動や給食当番など、やらなくてはならないことをしない時、③何度注意を受けても、態度を改めない時、この三つを守れなかった時に叱ります」

このように、年度当初に事前に教師が叱る場面を具体的に示します。そうすると、いざ実際に叱る場面に遭遇した時に、子どもは叱られたことに対して納得するものです。逆に、子どもが指導内容に納得しない時には、それなりの理由があります。例えば、事前に「してはいけないこと」として知らされていなかったり、以前は見過ごされていたことなのに急に指導するようになったりした時です。いわゆる「指導のブレ」が生じた時です。

指導がうまく入らない時には、「指導のブレ」はないか、指導の一貫性はあるか、まずはこの二点を見直してみてください。

生徒指導

第五条

叱る時は短く
端的に切り上げる

私が子どもに指導する時は、短く端的に切り上げることを念頭に置いています。目安は三分以内です。長すぎる叱責は、話の焦点がずれていくことがあります。なぜ叱っているかが曖昧になり、いったい子どもは何を反省したらいいのかわからなくなります。その結果、ただの精神的苦痛になってしまう危険性すらあります。

話が長いから聞く態度が悪くなり、反省したくてもできない状況に陥ります。最悪の場合、そこから担任への不信感や憎悪が広がり、学級崩壊にもなりかねません。考えてみてください。我々も管理職からくどくどと指導を受けると、素直になれるものもなれないでしょう。それと全く同じではないかと思います。

指導後は、まるで先程のことが嘘だったかのように、いつもの調子に戻ることも大切です。いつまでも、不機嫌な顔のままでいると、それは怒られている時とさほど変わりありません。教室全体の雰囲気も悪くなり、関係のない子どもたちまでもが過度の緊張を強いられて、萎縮してしまいます。

叱った後には、決して後に引きずることなく元の優しい先生に戻ります。その切り替えによって、叱られた子どもも救われることになるのです。

生徒指導

第六条

どなるのは、百害あって一利なし

「叱る」とは、冷静でいながらも毅然とした態度で指導することです。「怒る」とは、その場の感情に身を任せて指導することです。どなったり、ひどい場合には物に当たったりします。これは、百害あって一利なしです。「怒る指導」では、子どもは一時的に静かになって教師の言うことは聞くものの、決して長くは続きません。なぜなら、子どもは自らの過ちを反省して行動を改めているのではなく、教師が怖いから静かにしているだけだからです。いわば、身の安全を守るために、防衛反応が働いているのです。恐怖心を煽るような指導は、指導とはいいません。むしろ体罰に近いでしょう。教師としての品格・評価を落とし、子どもとの信頼関係が崩れます。大声で子どもを制止するのは、命に関わる行為をした時だけです。基本的にそれ以外は、平常心を保ちながら指導にあたります。

いかなる状況下においても、冷静沈着に自身の感情をうまくコントロールしながら叱ることが求められます。大声を出さずとも、声のトーンを少し変えてみたり、子どもとの距離をつめてみたりするだけでも、教師の怒りや真剣さは十分に伝わります。子どものことを想い、さらに成長してほしいという心を持って指導にあたれば、決して「どなる」という選択肢が出てくることはありません。

生徒指導

第七条

3Kの法則を駆使して叱る

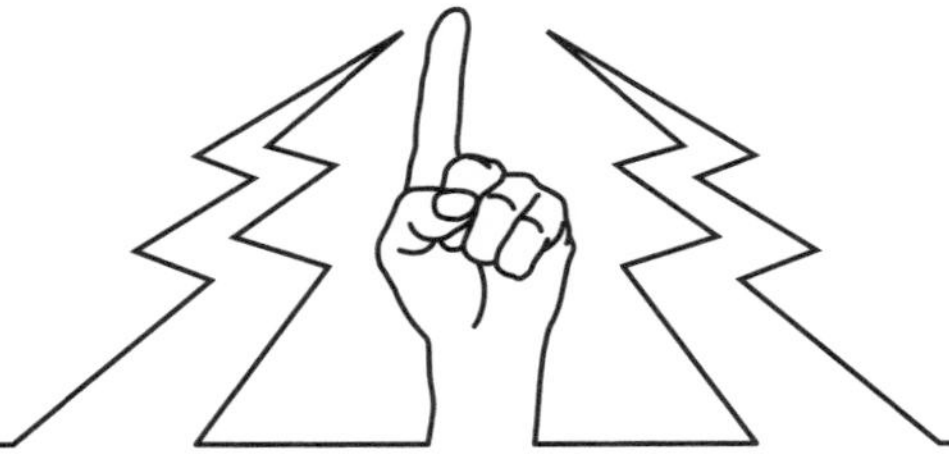

叱る時の「３Ｋの法則」とは、「Ｋｉｓｓ＆Ｋｉｃｋ＆Ｋｉｓｓ」の略でＫｉｓｓ（相手を認める）、Ｋｉｃｋ（改善すべき点を指導する）、Ｋｉｓｓ（相手に対して期待を寄せる）、これらのスリーステップが、一番効果的な叱り方であるという意味です。

Ｋｉｓｓでは、いきなり頭ごなしに叱るのではなく、相手を認めることから始めます。「いつもは優しい○○くんなのに、どうしたの？」「いつも授業中にがんばっているのは、先生もよく知っているんだけど……」と、その子どもの長所を認めて伝えることから始めると、その後の指導も受け入れやすくなります。

次のＫｉｃｋでは、子どもに対して一番言いたいこと（相手の改善すべき点）を短く端的に指導します。「腹が立っても、手を出すのは許されることではないよね」「何度注意しても、態度を改めなければ、成長できないよ」と、諭したり問い詰めたりします。

最後は、再びＫｉｓｓです。ここでは「このことに気を付ければ、これからもっとかしこい子になるからがんばってね」「先生は、あなたのことを信じているからね」と相手に期待を寄せる言葉で締めくくります。これがあることで、相手の気持ちが少し和らぎます。叱る時にも、そこにある愛が伝わるように具体化したのが「３Ｋの法則」なのです。叱り倒して終わる指導だけは、避けるべきでしょう。

生徒指導

第八条

周りを味方につけて、反省を促す

子どもは、教師を試してきます。特に、四月当初の学級では多発します。「この教師は、どこまで許してくれるのか」「どのような叱り方をするのか」などを見極めています。初めは、少し厳しいくらいがちょうどいいです。優しくするのは、いつでもできます。

クラスの中には、口頭で注意しても素直に聞き入れない子どもがいるかもしれません。そういう時には、周りを味方につけて「集団の力」をもって学級の秩序を守ります。子どもは、教師に嫌われるよりも友達に嫌われるほうがよっぽど辛いのです。

例えば、友達に対して「殺すぞ」と暴言を吐いた子どもがいたとします。その時は、即座に事実確認を行います。この時点で正直に言えば、端的に指導し、相手に謝罪したらよしとします。素直に認めない場合には「集団の力」を利用します。

「みんな、さっき○○くんが『殺すぞ』って言ったのが聞こえた人？」

誰かは手を挙げるでしょう。畳みかけるように「そんな乱暴な言葉を使う人と友達になりたい人？」と聞きます。誰も手を挙げません。「このままだと友達がいなくなりますよ。それでもいいですか？」と聞きます。大抵の場合、ここで素直に謝るでしょう。

これが「集団の力」です。手ごわい子どもには、周りを味方につけて指導を行うのがベストです。決して一対一で戦う必要はありません。

生徒指導

第九条

指導した後のフォローは必ずする

子どもを指導した際には、その後の表情をよく見ておきます。子どもによっては、いつまで経っても立ち直れず落ちこんでいたり、友達とさえ話をせずに不機嫌なままだったりする場合があります。そのような時には、必ずその日のうちにフォローを入れて関係を改善しておきます。決して、そのままで帰らせてはいけません。

もし、指導内容に納得せずに帰宅した場合、その保護者とも対立することになりかねません。状況が悪化すれば、ある日を境に子どもが反抗的な態度になるので、要注意です。

それを防ぐために、指導した後には、少し時間をおいてから一声かける習慣をつけます。ほめ言葉や励まし言葉がおすすめです。「さっき叱ったけど、もう気持ちを入れかえて一生懸命にがんばっているね！　素晴らしい！」と全員の前で力強くほめるのもよし、「もう優しい○○さんに戻ったんだね。かしこいね」と個人的に声をかけるのもよし、連絡帳に「また明日もがんばろうね！」と書くのもよし、その子に合わせた方法でフォローします。

大切なのは「叱ったけど、いつも先生はあなたのことを気にかけているんだよ」というメッセージを届けることです。それでも、表情が冴えない時には、早めに家庭へ連絡します。指導の経緯や担任の想いを伝えて、保護者に協力を仰ぎます。普段から保護者と良好な信頼関係が築けていれば、足並みを揃えて子どもに働きかけてくれるはずです。

生徒指導

第十条

日々の声かけで、子どもの状態を把握する

生徒指導は、普段からの子どもとの信頼関係があってこそ、十分な効果を発揮するものです。少々厳しめに指導したとしても、子どもが教師の元に戻ってくるのは信頼されている証です。

子どもとの良好な信頼関係を築くために欠かすことができないのが、日々の声かけです。朝来た時、一人ひとりに挨拶を交わしたか。授業中は指名して、ほめ言葉をかけたか。休み時間は、一緒に遊んだり声をかけたりしたか。下校時は、笑顔で帰すことができたか。シンプルですが、私はこのような振り返りを放課後に行うことを日課にしています。

時には、忙しくてコミュニケーションをとる子どもが偏ってしまう場合があります。そのような時におすすめなのが、連絡帳一言コメントです。連絡帳を確認する際に「今日も楽しく過ごせた？」「今日の晩ご飯は何かな～？」など、日常の何気ないことを尋ねるような一言コメントを書きます。これでも、立派な声かけになります。連絡帳は文字としても残るため、保護者も見ることができ「担任の先生は、我が子を大切にしてくれている」と感じることでしょう。

どのような形であれ、日々の声かけから子どもの状態が把握できます。話しかけられるのを待つのではなく、こちらから気軽に笑顔で声をかける習慣をつけましょう。

情熱の学級経営術その7　～学級活動編～

学級活動を最大限に活用し、クラスの絆を深める機会を作る

学級活動で「みんなと仲良くなるため」という理由から、教師や子どもの思いつきにより、学級会も開かずに休み時間のように遊ぶのは、ただの「お遊び」です。また、追いついていない教科の学習をその時間を利用して行うのは、ただの「補習」です。どちらも学級活動の時間には、適していません。特に、後者の補習の時間にあててしまうのは、子どもの反発を招き、学級が荒れる一因ともなりかねません。

学級活動とは、その時間を通して一人ひとりの学校生活をより充実したものにしていくための話し合いの時間であり、それを実行するための時間でもあります。

学級会で話し合い、計画・準備した上で行うものは、立派な学校行事ならぬ「学級行事」になります。なぜなら、一年を通して行われる学校行事もまた、担当者が職員会で提案してそれを協議しながら計画・準備をして行われるものだからです。同じようなプロセスで行われる学級活動は、将来大人になった時でも必ず役に立ちます。

行事（イベント）の創造だけではありません。学級内のルールの見直しや追加、問題解決のための話し合いの時間にもあてることができ、よりよい学校生活へ導くことができます。この章では、そのための学級活動の考え方や組み立て方を、順を追って伝えていきます。

学級活動

第一条

提案箱を設置して、誰でも議題が出せる仕組みを作る

学級活動（以下、学活）で欠かすことのできないのが、学級会です。学級会で話し合ったことを基に、みんなが考えたイベントを行ったり、新しいクラスのルールや係活動を作ったりします。いつでも誰でも、話し合いたい議題を提出できるようにするために必要なのが「提案箱」です。その呼び名は「議題箱」でも「なんでも相談箱」でも「ドリームボックス」でも、子どもが親しみやすいものなら何でもいいです。その提案箱を、教室の後方など目のつくところに置き、その横に「提案カード」を備え付けておきます。提案カードには、〈誰が〉〈どんな提案を〉〈どうして〉するのかを書く欄を設けて明確にすることで、話し合いが円滑に進められます。

初めのころは、議題が思うように集まらないかもしれません。軌道に乗るまでは、教師が議題を提案して話し合う機会を意図的に作ります。学級会でも教師主導で行い、徐々に子ども主体へと移行させていきます。この方法は、学級会に限らずあらゆる場面で応用がききます。

「特技発表会をしよう」「バスケットボール大会をしよう」「クリスマス会をしよう」「友達の誕生日会をしよう」「ドミノを作ってみよう」など、その時期や状況に応じて楽しいイベントを考えて実行していくことが、学活の醍醐味です。

学級活動

第二条

全員が活躍できる輪番制で、司会グループを構成する

学級会では、一般的に司会（進行役）、副司会（司会の補助や指名する役）、黒板（板書役）、記録（学級会ノートに記録する役）が協力し合って、話し合いを進めていきます。この司会グループを一部の子どもにだけ任せるのではなく、出席番号順や立候補制にして必ず全員に経験させます。どの役でも「話す」「聞く」「書く」いずれかの力が伸びる貴重な機会となり、回数を重ねるごとに学級会の進行がより円滑になってきます。

学級会の話し合い活動を通して、それまで人前での発表が苦手だった子どもが堂々と自分の意見が言えるようになるまで成長した事例は、数多くあります。全員に役があたるからこそ、そこに責任感が生まれ、与えられた仕事を最後までやり遂げようとします。その結果として、今まで「できなかったこと」が「できること」に変わってきます。

司会グループの仕事は、学級会当日だけではありません。提案箱の中に複数の提案カードがあった場合には、教師が助言をしながら議題の選定を行います。選ばれなかった議題案については、各提案者に採用されなかった理由を伝えた上で返却します。もしくは、次回の学活まで持ち越します。議題が確定したら、事前に学級会ノートを配付してクラス全員が自分の意見をもって話し合いに参加できるようにします。活発な学級会を行うためには、ある程度の事前準備は必須です。

学級活動

第三条

議題は、イベントだけではなくルール作りまで幅広く扱う

学活といえば、学級会で話し合ったことを基にみんなで楽しく交流を深める時間が大半を占めることが多いでしょう。それはそれで大いに価値のあることですが、時にはクラスをよりよくするためのルールの制定や問題解決に向けての話し合いも行いたいものです。

以前受け持ったクラスで「給食中に話に夢中になって時間内に完食できる子が少ないので何とかしたい」という議題で話し合ったことがありました。提案理由は「残飯が多くなって、もったいないから」というもっともな意見でした。話し合いの末「給食終了十分前からもぐもぐタイム（黙食）にする」というクラスルールを作ることで合意しました。それ以降、残飯の量がずいぶんと減り、給食に関して指導することが激減しました。

他にも「席替えを二週間に一度したい」や「雨の日は、カードゲームやボードゲームをしたい」などの議題で話し合ったこともあります。

子ども同士が話し合って決めたルールというのは、いわば友達との約束です。そこには、集団の力が働き、既定の校則や教師が決めたルールよりも意識して守ろうとします。これを学校生活に生かすことができれば、指導する場面は確実に減ります。このように、子どもによる子どものためのルール作りを学級会で話し合う機会を作ることで、自律したクラスに育てることができます。

学級活動

第四条

議題は、決定議題と検討議題に分けて、学級会で話し合う

「決定議題」とは、あらかじめ実施することが決定していて、その内容や役割等について話し合いをする議題のことです。「検討議題」とは、まだ実施するかどうかが決まっておらず、話し合い活動の中で最終的に多数決をとって決定する議題のことです。それぞれの議題を、どちらに分類するかは教師の裁量によって決めます。場合によっては、事前に提案者や司会グループと話し合って決めてもいいでしょう。

判断の基準は「全員が取り組めるような議題か」「一部の子どもしか取り組めない可能性がある議題か」です。その時期にしかできないような「クリスマス会」や年度末に行う「みんなありがとうの会（最後のお楽しみ会）」、クラスルールの制定や改定などに関しては全員が取り組めるものなので決定議題になります。体育系イベントに関しては、要注意です。例えば「ドッジボール大会」なら多くの子どもが楽しむことができるため、決定議題でもいいと思いますが「サッカー大会」や「ソフトボール大会」など、経験者と未経験者の間で大きな差がついてしまうものは、検討議題のほうがよいでしょう。経験者だけが活躍するような学活は、クラスに溝を作りかねません。実際の社会でも、全ての法案が通るはずもなく、審議に審議を重ねて最終的には多数決によって決めます。よって、時には反対多数により「議題が通らない」という経験も、子どもの財産になります。

学級活動

第五条

学級会の話し合いの型を決めて、台本を用意する

学級会での話し合いの型は、あらかじめ決めておきます。誰が司会になっても困らないように台本を用意しておくことで、滞りなく話し合い活動ができます。

一般的な流れとして、「司会グループの紹介」「議題や提案理由の確認」「話し合い活動①意見を出し合う」「話し合い活動②比べ合う」「話し合い活動③まとめる」になります。

実際に使用した台本を要約して掲載しますので、作成する際は参考にしてください。

①今日は「〇〇〇〇について」です。提案理由を提案者の〇〇さん、お願いします。

②この〇〇〇〇を行うかどうかに対して意見がある人は、手を挙げて発表してください。

③（全員が意見を言いおわったら）今までの意見の中で、何か質問はありませんか。

④反対意見があります。どうすれば、みんなが納得する形で行うことができますか。

（議題が検討事項である場合）それでは、多数決をとりたいと思います。

多数決の結果、〇〇〇をすること（しないこと）に決まりました。

―議題が賛成多数で決定した場合―

⑤当日の役割分担について、話し合います。当日、どんな役割があったほうがいいと思いますか。意見のある人は手を挙げて発表してください。

⑥最後に、今日話し合って決まったことを、記録係の〇〇さん、発表をお願いします。

学級活動

第六条

学級会ノートを活用して、話し合いの準備をする

学級会ノートは、自分の考えを整理したり、振り返ったりするために使用するものです。学級会ノートには「議題の名称」「賛成か反対か」「その理由」「議題が決定した際の役割分担」「話し合いの振り返り」の５項目は、載せておいたほうがいいでしょう。事前にこのノートに考えをまとめることで、自分の意見とその理由をもって話し合いに臨めます。そして全員発表を通して、それぞれの意見の共通点や相違点を比べることができます。活発な話し合い活動を行うための土台となるものが、学級会ノートです。

授業と同じように、学活も全員が参加してこそ意味があります。一部の子どもばかりが発言し、物事を決めるような学活は、学活とはいえません。あくまで「全員参加」にこだわり続けます。これが、個の成長から学級全体の成長へとリンクしていくからです。ポイントは、前もって話し合う議題を知らせて、学級会ノートに書きこませた上で話し合いを始めることです。学級会が始まってから、初めて議題を知らせるのでは遅すぎます。個々が十分に自分の立場と理由を考えられないまま、話し合いに入ってしまうからです。

なお、この学級会ノートは紙媒体ではなく、端末のクラウド上で作成したノートに打ちこませて共有する方法もあると思いますので、担当学年やクラスの状況に応じて使い分けていきましょう。

学級活動

第七条

誰もが思ったことを自由に発言できる環境を作る

話し合い活動では、最初にそれぞれの子どもが議題に対して賛成か反対かの立場を決めて、その理由とともに発表します。この段階で、多くの場合は多数派と少数派に分かれることになります。ここで気を付けたいのが、少数派の意見を軽視することなく尊重できる環境を作っておくことです。そのためには、年度初めの学活の趣意説明で「何でもかんでも、話し合う議題に対して賛成することが、いいこととは限りません。大切なことは、正直に自分の意見を発表することです。たとえ、反対する立場の人がいてもその理由をよく聞き、みんなが納得して行える活動を考えて実行することに意味があります」と伝えておきます。この話し合う上での基本的な考えは、一度きりではなく、事あるごとに何度も繰り返し伝えて、子どもたちに浸透させます。

この働きかけにより、発言の自由が保障されます。周りの空気を読むことなく、自分の思ったことを自由に主張できる話し合いこそが、多様な考え方を生み出し、新たな活動につながっていきます。初期段階で、この考え方を身につけさせることが、学級会を楽しくするポイントです。この考えを基にして、教師は話し合いを見守り、必要に応じて指導や助言を行っていきましょう。

学級活動

第八条

質疑応答の時間が議題を深く考えるきっかけとなる

学級会では、自分と異なる意見や少数意見も尊重し、できるだけ多くの意見を反映させることが重要です。その少数派の意見も多数派の意見も深く考えるきっかけになるのが、質疑応答の時間です。例えば「サッカー大会を行うかどうか」の議題で、ある子が「サッカーでは、活躍できないので反対します」と初めに表明したとします。それに対して、賛成派の子どもからの質問を再現します。なお、私の場合、質疑応答はそれぞれ三回までとして、時間が延びすぎないように調整しています。

「なぜ、活躍できないと考えるのですか」
「今まであまりサッカーをしたことがないからです」
「サッカー大会までに、休み時間にサッカーの練習をしたらどうですか」
「休み時間は、サッカーよりドッジボールがしたいので難しいです」
「それでは、もしサッカー大会でパスが回ってきたら、楽しくできますか」
「全員にパスを回すというルールがあったら、楽しくできるかもしれません」

このように、質疑応答の時間ではお互いの意見の「なぜ」を深く掘り下げて、いろいろな意見の違いを認め合いながら、よりよい解決の方法を探っていきます。お互いの意見の背景にあるものを聞いて理解を深めていけば、両者が納得できる妥協点は必ず見つかるはずです。

学級活動

第九条

イベント実行時には、全員参加で一人一役が大原則

学級会で決定したイベントを行う時、一人一役で全員参加を大原則とします。全員で一つのものを作り上げるイメージです。誰か一人でもやる気がなく、気持ちが離れていれば、その場の雰囲気は一気に冷めます。そうなると、輪の中に入らなかった子どもは悪者になってしまいます。これでは、本末転倒です。これを未然に防ぐために、学級会では全員が楽しめる工夫を考えるだけではなく、一人一役として何かしらの役を与えておくことが重要です。

例えば、私のクラスで行った「特技発表会」では、特技がある子どもはそれを披露し、ない子どもは「黒板係」として黒板にプログラムを書いたり「記録係」として特技を披露している様子の写真を撮ったり「準備係」として学校で準備できるものを調達したりするなど、何かしらの役を与えました。このようにして、全員参加型の学活を構成します。あえて全員に仕事を与えて責任もって取り組ませることで、自己有用感も生まれてきます。

要は、ただの傍観者を作らないことです。ちなみに教師は、盛り上げ役に徹するか、子どもと共に参加するのもいいでしょう。全員で取り組み楽しむことができたイベントは、かけがえのない思い出となり、学校生活をより豊かなものにします。

学級活動

第十条

同じイベントは極力せずに、常に新しいことに挑戦する

学級会で話し合って実行したイベントが大いに盛り上がって終わった場合、子どもの多くから「もう一度したい！」という声が上がり、同じような議題が提案箱に入ることがあります。ここでまた、その議題が話し合いの場に持ち込まれると、必然的に同じような展開になり、学活の内容が偏ってしまいます。そうなると、例えば毎回スポーツ大会のようなことが行われるかもしれません。

体育のような学活は、確かに盛り上がります。準備物も少なくて済み、手軽に行えます。ただし、それだけでは、自己成長を促すことは難しいです。「子どもがみんな楽しく活動できれば、それでいい」のかもしれません。しかし、それ以上のものを目指すなら、今までに経験していないことに挑戦するべきです。

何事も初めて行うことは、リスクがあります。思い描いたように物事が進まないかもしれません。ですが、リスクを恐れてその場で足踏みをし続けるより、失敗して前に倒れたほうが確実に成長します。失敗こそが最大の学びであり、そこからまた反省して次に生かせばいいのです。同じようなイベントが続いていたら、他の議題が出るように、教師から働きかけてみましょう。常に新しいことに挑戦することによって、成功体験が積み重なり、教師も子どもも新たな自分に出会えるのです。

あとがき

私の教師としての原点は、学級崩壊。その学級崩壊を事細やかに描く冒頭部分、快く思わなかった読者の方もいらっしゃったと思います。万が一、当時の子どもが本書を手にして読めば、どのような気持ちになるのか。そのような葛藤を抱きつつ、本書の執筆を進めてまいりました。本当に、今でも申し訳なく思っています。「初任者だったから」という理由だけで、あの時のことをなかったことにはしたくありませんでした。

あえて、私が当時の様子を詳細に記した理由。それは、教員生活が終わるその日まで、学級崩壊をしてしまったという十字架を背負って生きることを決めたからです。そこまで思いつめなくてもいいのではないか……と思われるかもしれません。しかし、この決意によって今日の私があると言っても過言ではありません。学級崩壊を過度に恐れるのではなく、正しく恐れ、そうならないように本書で紹介したような数々の布石を打っています。

二度とあのような辛くて悲しい思いをする子どもをつくりださないために。

思い出したくもない辛い過去は、誰にでもあります。それを無理に忘れようとする必要はありません。ごく自然に心の傷として残るのであれば、そのまま「心の一部」として共存したらいいと思います。あれから何年経とうとも、時折その傷は痛みます。でも、あの当時の子どもたちの心はもっと痛んでいたのではないか……。もしかしたら、今でも。そう思わずにはいられません。

読者のみなさんの中でも、かつての私と同じような境遇の方がいらっしゃるかもしれません。どうか、今は自分を責めないでください。耐えて凌いで、学校というチームで乗り切るようにしてください。それでも辛いようでしたら無理せず休んでください。明けない夜はありません。そして、また歩き出せばよいのです。

これからも教師という素晴らしい仕事に情熱と誇りを持って、一日一日を精一杯子どもたちと向き合いながら歩んでいくこと。それが、今の私にできることです。一人でも多くの先生方とこの想いが共有できることを切に願って、あとがきといたします。

二〇二三年六月吉日　　改発　大記

著者プロフィール

改発 大記（かいはつ ひろき）

1985年、兵庫県生まれ。

兵庫県立大学を卒業後、JICAの青年海外協力隊にて2年間、アフリカのルワンダにおいて現地の小学校を巡回し、主にスポーツ指導などに携わる。

帰国後、兵庫県公立小学校に勤務、現在に至る。日々子どもたちと接していくなかで、様々な教育実践を積み上げている。

2022年、ベネッセから授業取材を受けて、その取り組みが紹介された。

勤務校においては、教育研究会「志龍の会」を発足し、学級経営術をはじめとし、各教科の効果的な指導法などを定期的に提案している。

情熱の学級経営術 学級崩壊から学んだこと

2023年8月15日　初版第1刷発行

著　者　改発 大記
発行者　瓜谷 綱延
発行所　株式会社文芸社
〒160-0022　東京都新宿区新宿1－10－1
電話　03-5369-3060（代表）
03-5369-2299（販売）

印刷所　株式会社フクイン

©KAIHATSU Hiroki 2023 Printed in Japan
乱丁本・落丁本はお手数ですが小社販売部宛にお送りください。

送料小社負担にてお取り替えいたします。

本書の一部、あるいは全部を無断で複写・複製・転載・放映、データ配信することは、法律で認められた場合を除き、著作権の侵害となります。

ISBN978-4-286-24190-6